PRECIS
HISTORIQUE.

PRÉCIS HISTORIQUE

DE

LA SURPRISE D'AMIENS PAR LES ESPAGNOLS,

Le 11 Mars 1597;

ET DE

LA REPRISE PAR HENRI IV,

Le 25 Septembre suivant;

PRÉCÉDÉ D'UN COUP-D'OEIL MILITAIRE SUR LE DÉPARTEMENT DE LA SOMME.

PAR MAURICE RIVOIRE,

MEMBRE DE L'ACADÉMIE D'AMIENS ET DE LA SOCIÉTÉ D'ÉMULATION D'ABBEVILLE.

> Heureux si j'avais pu ravir à la mémoire
> Cette indigne moitié d'une si belle Histoire!
> Phèdre.

Prix 24 sous.

A AMIENS,

De l'Imprimerie de MAISNEL fils, Imprimeur de la Préfecture, Cloître St. Nicolas, n°. 8.

1806.

A Sa Majesté LOUIS-NAPOLÉON,

Ier. ROI DE HOLLANDE,

CONNÉTABLE DE FRANCE.

SIRE,

Les grandes et utiles conceptions du magnanime Empereur des Français, de cet homme extraordinaire, aussi profond dans la science de la politique que dans celle de la guerre, se réalisent peu à peu. La France dont il est l'amour et la gloire, qu'il a sauvée et qu'il veut rendre heureuse, s'entoure de peuples amis dont les thrônes sont occupés par des Princes de son sang. Le genre humain paraît être sa famille : ses bienfaits doivent s'étendre à tout le globe. Ainsi se reculent les frontières de notre belle patrie, sans que pour cela son territoire s'augmente; ainsi se fortifient de l'appui de la grande Nation, ces peuples voisins dont des passions hai-

neuses et jalouses menaçaient perpétuellement la faiblesse et l'indépendance.

Encore un peu de temps, et la guerre ne les alarmera plus : toutes les coalitions futures viendront se briser, s'anéantir devant ce système fédératif que le génie de Napoléon-le-Grand a conçu, que sa main puissante veut asseoir sur des bâses impérissables. Bientôt le monde vivra dans une sécurité parfaite : une longue paix consolera la terre.

Le bon et sage Prince JOSEPH *fait bénir son nom par les Napolitains. Pas un regret n'a honoré la mémoire de la dernière dynastie qui a régné sur ce peuple spirituel : il se félicite d'avoir pour Souverain un Prince de la maison de France, et de son alliance avec l'Empire Français : la conquête de son territoire s'est étendue sur tous les cœurs.*

Un peuple aussi renommé dans l'Histoire par son énergie, sa gravité, son active industrie, que par la douceur et la pureté de ses mœurs, a aussi manifesté le desir d'entrer dans le pacte fédératif. Fatigué des différentes formes de gouvernement qu'il a essayées depuis qu'il a reconquis son indépendance, et toujours trompé dans ses vœux les plus chers, il a voulu vivre sous l'égide d'un thrône tutélaire, et avoir pour Roi un Prince qui tînt à l'Empereur des Français par les liens du sang. Ce double vœu vient d'être rempli. La renommée des vertus, des talens et des grandes qualités de Votre Majesté, a décidé la demande et les suffrages de la Batavie. LOUIS-NAPOLÉON sera le Prince qui aura le plus fait pour sa gloire et pour son bonheur. Son alliance avec la France est signée. La Hollande est mise sous la puissante protection de l'Empereur Napoléon. Ainsi va commencer par Votre Majesté cette nouvelle génération de Rois qui doivent lui rendre le repos et son antique splendeur.

SIRE, les brillantes destinées de la Hollande et de Votre Majesté n'étaient pas encore fixées, lorsque j'eus l'honneur de demander à Votre Altesse Impériale *la permission de faire paraître sous ses auspices l'ouvrage que je livre au public. Persuadé que Votre Majesté ne me refusera pas, comme Roi, la faveur que j'avais sollicitée d'elle comme Altesse, je prends la liberté de le lui dédier.*

Je suis avec un très-profond respect,

Sire,

De Votre Majesté,

Le très-humble et très-obéissant serviteur,

RIVOIRE.

AVANT-PROPOS.

AVANT-PROPOS.

En ma double qualité de Membre de l'Académie d'Amiens et de Rédacteur de l'*Annuaire statistique du département de la Somme*, j'avais à payer à cette Société savante le tribut alternatif que lui doivent tous ceux qui la composent, et à préparer en même temps les matériaux de l'*Annuaire* de 1807. Mes travaux ont donc dû avoir pour objet de préférence, ce qui pouvait m'aider à remplir ce double devoir.

Personne, jusqu'à présent, n'avait envisagé ce département sous son point de vue militaire, et n'avait, du moins à ma connaissance, réuni dans un seul cadre ce que plusieurs Historiens ont publié sur la prise et reprise de la ville d'Amiens en 1597.

J'ai pensé que ces deux objets devaient et pouvaient marcher de front, et, qu'ainsi accollés, ils se prêteraient un intérêt mutuel. Entraîné par cette opinion et par le desir de plaire à mes concitoyens, en contribuant, autant que mes faibles moyens me le permettent, à leur faire connaître l'heureux pays qu'ils habitent, et à leur rappeler quelques traits de son histoire; j'ai successivement esquissé ces deux matières.

Le *Coup-d'œil militaire du département de la Somme* a été lu dans la séance académique du 31 mars dernier; la relation de la surprise d'Amiens par les Espagnols, et de sa reprise par les armes françaises, ne l'a été que dans la séance du 15 avril suivant.

L'un et l'autre opuscule ont été entendus avec un peu d'intérêt et beaucoup d'indulgence par mes respectables collègues. L'organe éloquent de cette Compagnie a bien voulu en rendre un compte avantageux dans les deux procès-verbaux des séances postérieures.

Plusieurs d'entr'eux, instruits que devant bientôt quitter mes fonctions d'Archiviste, et par suite le département de la Somme, je ne pourrais pas consigner dans l'*Annuaire statistique de* 1807, ces deux dissertations pour lequel elles étaient principalement destinées, m'ont engagé, à raison de l'intérêt local qu'elles offrent, à les rendre publiques par la voie de l'impression. D'autres amis, dont je connais le cœur et les lumières, m'y ont également invité. Obéir était mon devoir. J'ai donc fait taire les craintes et les considérations de l'amour-propre. L'Imprimeur va les livrer au Public.

Je souhaite que les habitans de ce département dans le sein duquel j'ai vécu long-tems; qui, dans des tems difficiles, me donna jadis une hospitalité généreuse; que j'aime beaucoup et que je quitte avec regret, veulent bien se souvenir en me lisant, qu'une juste déférence pour les conseils et le vœu de l'amitié, m'a seule déterminé à publier ce que je n'avais entrepris que dans le desir et l'espoir de leur être utile et agréable.

En ce qui concerne la relation de la prise et reprise d'Amiens, le lecteur voudra bien considérer que ce n'est pas une histoire détaillée et minutieuse que j'en ai entreprise, mais simplement un précis historique. Il n'eût tenu qu'à moi d'y faire entrer une multitude de faits rappelés par différens auteurs; mais j'ai dû considérer qu'ils avaient écrit pour les contemporains de cet événement, et qu'écrivant de mon côté pour les tems modernes, il fallait éloigner tout ce qui ne présentait plus le même intérêt.

On verra bien, sans que je le dise, que peu fidèle au précepte d'Horace, mon travail n'a pas été châtié jusqu'à dix fois; mais le tems dont je ne peux rallentir à mon gré le battement d'aîles, ne me l'a pas permis. J'avais des devoirs accessoires à remplir, et je suis pressé de terminer la description de la Cathédrale d'Amiens, que j'ai entreprise et qui sera bientôt finie.

Je dois dire ici que j'ai les plus grandes obligations à M. Cazin, Capitaine du Corps impérial du génie, et que ce qu'il y a de bien dans le *Coup-d'œil militaire*, est en partie son ouvrage.

COUP-D'OEIL MILITAIRE

SUR LE

DÉPARTEMENT DE LA SOMME.

UNE rivière grande, rapide, coulant à travers des prairies marécageuses, dans une vallée généralement encaissée, n'offrant que peu de points guéables, présentant sur plusieurs points de son cours des rives escarpées et des positions avantageuses, fut toujours et sera de tout tems une excellente barrière (1). Jules-César, ce Bonaparte des Romains, sentit le premier tout le parti qu'il pouvait tirer de la Somme contre les excursions des Belges, cette nation belliqueuse des Gaules, dont le courage indompté devait enfin céder à la valeur et à la discipline des Romains. Au retour de son expédition de la Grande-Bretagne, la famine l'obligea de séparer ses différens quartiers : trois légions hivernèrent dans le Belgium, et la quatrième prit position au camp avantageux de Picquigny; mais lorsque les circonstances le lui permirent, lorsque des peuples vaincus et non subjugués lui firent craindre une ligue sans cesse renaissante, on vit César former sa ligne de défense derrière la Somme, et passer l'hiver au milieu de trois légions dont deux occupaient les camps de Picquigny et de l'Etoile, et la troisième, sous les ordres de Marcus Crassus, tenait la position de l'ancienne forteresse d'Amiens (2).

---

(1) Voyez la description détaillée de la rivière de Somme dans mon Annuaire statistique pour l'an 1806, pag. 14 et suiv.

(2) Le camp de César, situé à un demi-mille de Picquigny, *Pinkeniacum*, sur la Somme, et à trois milles d'Amiens, est le plus remarquable de tous. C'est un triangle appuyé sur une prairie qui s'étend le long de la Somme, dont il est éloigné de 389 mètres 679 millim. (200 toises). Il n'est guère accessible de ce côté-là, où il se trouve couvert de monticules hauts d'environ 7 mètr. 565 millim.

Amiens, connue à cette époque sous le nom de *Samarobrive*, ou plutôt, comme je le démontrerai plus tard, sous celui de *Somonobrive* (1), était, par sa position, le dépôt naturel de toute la ligne ; César en fit le centre de ses opérations contre les Belges. C'est dans la capitale de ce département que fut convoquée plusieurs fois l'assemblée générale des Gaules : les ôtages des villes, les vivres et les munitions de l'armée y étaient renfermées : il s'y éleva une des huit fabriques d'armes des Gaules, le moulin Taille-Fer, derrière l'Hôtel-Dieu d'Amiens.

L'histoire a confirmé le choix judicieux de ce conqué-

(50 à 60 pieds). Le côté qui regarde la prairie de Tirancourt, au couchant, est encore plus roide et hors de toute attaque. A l'égard du côté opposé, il est couvert d'un boulevard de 2 métr. 34 centim. (7 à 8 pieds) de hauteur, et de fossés larges et profonds qui ne laissent qu'une seule ouverture, telle qu'il la fallait pour le passage des troupes.

C'est à ce même Picquigny qu'eut lieu la fameuse entrevue de Louis XI et d'Edouard, Roi d'Angleterre, sur un pont qui fut construit exprès, et que, le 18 décembre 942, fut assassiné Guillaume, surnommé *Longue-Epée*, Duc de Normandie, par Arnould, Comte de Flandres, qui l'y avait attiré sous prétexte de traiter de leurs affaires.

On lisait encore, en 1574, sur la porte de l'ancien château, cette inscription latine, qui y était rendue en grec et en hébreu :

Me Deus et virtus summi genuere parentes ;
Qui caret his et me nobilitate caret.

On a trouvé dans ce camp de César beaucoup de médailles d'or qui, du cabinet de M. Houlon, Chanoine d'Amiens, sont passées dans celui du Président Desmaisons.

(1) Quelques auteurs prétendent que ce fut Marc-Aurèle, qui résidait pour lors à Amiens, qui changea son nom de *Somonobriva* en celui d'*Ambianum*. *Somonobriva* est un composé celtique, qui veut dire *Pont sur la Somme*. *Ambianum* était le nom du territoire. César dit *Ambianum*, quand il parle du territoire d'Amiens ; *Ambianenses*, quand il parle des peuples qui l'habitaient, et *Samarobriva*, quand il parle de la ville. C'est donc le territoire qui, plus tard, fit prendre son nom à la Capitale, et non la Capitale qui donna le sien au territoire.

Onuphorius rapporte que, dans la nouvelle division de la Gaule en provinces, faite par l'Empereur Adrien en l'an 119, la troisième était la province d'Amiens, *Provincia Ambianensis cujus Metropolis est Ambianum*.

rant célèbre. Amiens devint la place d'armes et le point de jalousie des nations qui ont successivement combattu sur les rives de la Somme. Nous voyons cette cité jusqu'au 13e. siècle prise, reprise et souvent saccagée par les Romains, les Vandales, les Francs, les Normands, les Français, les Espagnols et les Anglais : mais avec Rome l'art de la guerre était tombé ; et lorsque la féodalité s'éleva sur les ruines de ce grand Empire, pouvoit-on attendre un plan de campagne complet de Rois sans armées, qui ne jouissaient que d'une autorité précaire sur des vassaux qu'ils commandaient à la vérité devant l'ennemi commun, mais que toujours ils devaient craindre et que souvent ils avaient à combattre.

Le 14e. siècle vit naître cette lutte sanglante qui devait mettre la première branche des Valois à deux doigts de sa perte. Les villes de la Picardie sont saccagées, ses campagnes dévastées par un ennemi sans pitié, et le sang français va couler dans les plaines de Crécy. La défensive s'était portée sur la rive droite de la Somme. Le roi d'Angleterre, après avoir traversé en triomphe la Normandie et l'Isle-de-France, voulut regagner la Flandre : il en reconnut la difficulté en arrivant sur les bords de cette rivière : tous les points de passage étaient garnis de troupes ; envain il essaye de forcer la ville, le pont de Picquigny et celui de Remy ; il se voit forcé de côtoyer le fleuve sans espoir, pressé vivement par les français auxquels il avait déjà été forcé d'abandonner une partie de son bagage. Son armée, harassée des fatigues d'une longue marche, allait être accablée par des forces supérieures dans une position défavorable, lorsqu'un prisonnier lui découvre le gué de *Blanquetaque* : les anglais le traversent à merbasse, et passent sur le ventre de 12,000 hommes qui le défendirent faiblement. Le retour de la marée empêcha l'armée française de poursuivre l'heureux Edouard qui vint asseoir son camp sur les hauteurs de Crécy, après avoir pillé le *Crotoi*. Sans perdre de tems, il s'y retranche fortement. Philippe VI est obligé de défiler par Abbeville. Ce détour lui fait perdre un tems précieux. Son intention était de laisser reposer ses troupes fatiguées ; mais le comte d'Alençon engage imprudemment l'affaire. Le désordre, l'indiscipline de la noblesse française, et sur-tout l'emploi par l'ennemi de six pièces de canon, décidèrent une dé-

14e. Siècle.

Bataille de Crécy.

faite qui coûta à la France plus de 30,000 combattans, et dont les suites furent encore plus funestes que l'action n'avait été sanglante.

1358. Charles V, régent de France, ordonne au bailli d'Amiens une visite des forteresses qu'on devait raser ou rétablir, suivant leur importance. Cette mesure indiquait un projet de défensive générale; mais les corps-de-ville, primitivement institués par nos rois pour contrebalancer le pouvoir des seigneurs, avaient alors toute autorité dans les places : ils se gardaient eux-mêmes tour-à-tour du parti de la cour ou des grands vassaux de la couronne, dont ils croyaient avoir également à se défier. Les rois n'étaient pas toujours les plus puissans : il fallait des mois entiers pour assembler, armer et mettre en campagne une milice féodale qui ne devait y rester que quelques semaines. La guerre, sans règle comme sans frein, n'offrait que des prises d'armes momentanées; quelques rencontres qui décidaient du sort de toute la campagne. Le tems n'était pas encore venu où les forteresses devaient étendre leur sphère d'activité au-delà de leurs murs.

15e. Siècle. Le 15e. siècle offre le déchirant spectacle des factions d'Orléans et de Bourgogne, et du couronnement à Paris d'un prince issu d'un sang étranger. La guerre s'était déclarée avec les anglais : elle accrut les malheurs des dissensions civiles..... Henri V, roi d'Angleterre, descend en Normandie; il prend le chemin de Calais et s'avance vers la Somme : les passages étaient encore gardés : il trouve le gué de *Blanquetaque* hérissé de pieux, et la rive opposée défendue par la noblesse de Picardie. Envain attaque-t-il le pont de Remy et plusieurs autres points; trois semaines s'écoulent en tentatives inutiles. Les anglais, harcelés par des corps de cavalerie, dépérissaient. L'armée française avait eu le tems de s'organiser et de se réunir. La position des ennemis devenait de plus en plus embarrassante, lorsque Henri, aussi heureux qu'Edouard, découvre enfin, entre Péronne et S. Quentin (1), un passage que les habitans de cette dernière ville avaient négligé de garder : il presse sa marche dans l'intention d'éviter le combat; mais l'inexpérience du connétable d'Albret et la fougue de la noblesse française devaient encore faire de

(1) Les ponts de Voyenne et de Bettencourt.

la bataille d'Azincourt une journée de deuil pour toute la France.

Pendant tout cet intervalle, Amiens n'avait pas cessé d'être le dépôt général des places de la Somme, et le point de rassemblement des milices françaises. C'est des arsenaux établis dans son enceinte, que partaient les secours, les munitions envoyées aux siéges des places voisines. Disons avec l'histoire du tems que les ducs de Bourgogne y eurent trop souvent une influence dangereuse pour l'état. Les anglais, maîtres d'une portion considérable de la Picardie, poussaient leurs courses hostiles jusqu'à ses faubourgs; et si la Somme offrait un obstacle aux armées ennemies, on ne devait pas encore regarder comme ligne de frontière, une ligne dont il fallait, suivant les circonstances, transporter la défensive sur l'une ou l'autre de ses rives. Envain arrêtait-on de tems en tems les anglais, en s'emparant des châteaux voisins, ils revenaient bientôt à la charge, à la faveur des troubles; et l'on ne pouvait tirer un parti avantageux d'une défense morcelée, lorsque le traité d'Arras avait engagé au duc de Bourgogne, Amiens, Montdidier, Péronne, et plusieurs autres villes importantes de la Picardie.

La création des compagnies d'ordonnance, et celle des 1444--1448.
francs-archers, prépare l'accroissement du pouvoir monarchique et l'abaissement de la noblesse. Ces institutions promettaient en même tems, de donner aux opérations militaires, un ensemble qu'on n'aurait jamais obtenu d'une milice féodale.

Louis XI retire les villes de Picardie engagées au duc 1464.
de Bourgogne. (1) Il se rend à Abbeville pour visiter la

---

(1) Ce fut en 1463, sous Jean de Muy, mayeur d'Amiens, que Louis XI dégagea cette ville des mains du duc de Bourgogne, à lui engagée par Charles VII son père, pour la somme de 1,200,000^{tt}. Les habitans furent si joyeux, qu'ils crièrent *Noël.* C'est ce Roi qui changea les anciennes armes de la ville, en celles qu'elle a portées jusqu'à la révolution, avec cette devise : *Liliis tenaci vimine jungor.* Elle avait pour motif de rappeller la promesse faite par le Roi, que la ville ne serait plus détachée de la couronne. C'est ce même Roi qui fit fondre dans Amiens trois grosses bombardes, dont une se voit encore à l'entrée de la rue qui conduit au palais épiscopal, et une autre à l'entrée de la citadelle, à main droite, vis-à-vis le corps-de-garde.

frontière; il reçoit le serment des peuples, et casse les officiers du Duc, dans les capitaineries d'Amiens, d'Arras, de Doullens, etc. Le traité de Conflans rend Amiens au
1474. comte de Charolais. Ce Seigneur n'y avait qu'une autorité très-bornée : la ville se gardait elle-même. La guerre recommence avec le duc de Bourgogne. Le Roi introduit des troupes dans ses murs et ne tarde pas à y être bloqué, mais sans succès, par l'armée du Duc qui avait forcé le passage de la Somme à Picquigny, et qui, dans l'espoir d'une bataille décisive, avait établi son camp à S. Acheul.

1475 Le politique Louis XI avait détaché de l'alliance du duc de Bourgogne, plusieurs seigneurs et plusieurs villes. Le nombre des troupes soldées augmentait sensiblement. Déjà les Rois prenaient à leur solde des corps étrangers : ils allaient embrasser un plan d'opérations plus vaste et mieux ordonné.... Charles le téméraire périt à la bataille de Nancy. Sa mort délivre Louis d'un vassal dangereux, et porte un coup fatal à la maison de Bourgogne. Abbeville, Ham, Bohain, S. Quentin, Montdidier, Péronne, Montreuil, etc. ouvrent leurs portes au Roi. Le Boulonnais conquis, est, en 1478, réuni à la couronne. L'Artois, la Flandre, sont le théâtre des succès des armes françaises; mais la frontiere ne devait pas encore abandonner les rives de la Somme.

.7551 On combattait de nouveau en Flandre et dans l'Artois. Maximilien, empereur d'Allemagne, surprend Arras, et fait sur Amiens une tentative infructueuse. (1) Les anglais débarquent à Calais, et la journée dite *des Éperons*, dé-

---

(1) Les chroniques d'Amiens ont conservé le nom d'une femme de cette ville qui, rivale de Jeanne d'Arc, de Jeanne Hachette, des comtesses de Montfort et de Champagne, a contribué par son courage à sauver Amiens. Elle se nommait *Catherine de Lice*. Sous Charles VIII, roi de France, ayant entendu la nuit un cliquetis d'armes, elle s'élance de sa maison, séante au faubourg de S. Pierre, à travers les troupes ennemies, en s'écriant jusques sur les bords du fossé, près de la porte, en patois picard : « *Hé! guet, pense à t'y.* »

Aussitôt la cloche d'allarme sonne; les bourgeois courent aux armes, se réunissent sous les ordres de Pierre de Monchy, seigneur de Rubempré, capitaine d'Amiens, et du maire Antoine Clabaut; volent dans toutes les rues; poursuivent, frappent jusqu'aux remparts, et font rouler en bas des murs les troupes de l'empereur Maximilien d'Autriche qui venait de surprendre Arras.

cide du sort de Thérouenne, qu'un ennemi, implacable dans sa victoire, fait raser. Les guerres d'Italie vont occuper les successeurs de Louis XI jusqu'au milieu du 16e. siècle. Les peuples de la Picardie respirent quelques années.

Les hostilités s'étaient reportées au nord de la France. 1542--43--44.
L'Empereur avoit attiré en Champagne la majeure partie des forces du Roi; mais on sentait déjà toute l'utilité des places. Celles de la Picardie devaient arrêter les anglais. Montreuil avait été ravitaillé; Amiens, mise en défense, pourvoit de munitions Doullens, le camp du Roi à S. Quentin, celui des italiens à Bomières, et envoie des vivres aux suisses cantonnés à Picquigny. En 1545, de nouvelles provisions partent de cette place pour le camp du Roi à Ambleteuse. Ardres, Hesdin, Montreuil et Doullens en reçoivent leur approvisionnement. Un projet de jonction de la Somme à l'Oise promettait un nouvel avantage, mais il reste sans exécution.

On voit qu'à cette époque, la vraie ligne de défense était toujours la Somme couverte par l'Authie, rivière facile à tenir, à cause de ses bords marécageux. Doullens appuyait la source de l'Authie, et formait système avec Beauquesne et Ancre, aujourd'hui Albert. Le Ponthieu, le Boulonais faisaient une pointe resserrée entre la mer et l'Artois; mais les succès de l'ennemi en cette partie, étaient subordonnés à une coalition entre les flamands et les anglais: aussi finit-on par s'y maintenir.

La France ne pouvait opposer que 18,000 hommes de 1557.
pied et 6,000 chevaux à l'armée combinée des anglais et des espagnols, forte de 60 mille combattans, et commandée par le duc de Savoie. On voulait se tenir sur la défensive, mais bientôt on oublia une mesure dictée par la prudence; et la bataille de S. Quentin aurait eu des suites plus funestes, si le siége n'avait fait perdre au vainqueur un temps précieux.

L'année suivante amena la défaite de Gravelines, qui 1558.
força de se rapprocher des frontières de la Picardie. L'armée française, déjà nombreuse, reçoit encore un renfort de troupes étrangères; et le duc de Guise qui la commandait, campe derrière des lignes construites sur la rive gauche de la Somme, depuis Amiens jusqu'au pont de Remi. Philippe II s'était avancé brusquement sur l'Authie, dans l'espoir de pénétrer plus avant dans le pays. Mais la

contenance des français l'y arrêta : il ne songe plus qu'à se retrancher dans le poste qu'il occupait ; et la paix désarme les deux nations après trois mois d'inaction dans leur position respective.......

1558. Les guerres de religion sous les enfans de Henri II, ne
leur permirent pas de s'étendre. Le Roi régnant est obligé
de sortir de Paris. La Picardie se hérisse de forteresses,
et tourne contre son Souverain ses moyens de défense pré-
parés contre l'ennemi. Henri IV, obligé de conquérir son
royaume, assure la couronne sur sa tête par une abjura-
1595. tion solemnelle. La guerre avec les espagnols succède aux
malheurs de la ligue. On fortifie le château de Flesselles
pour couvrir Amiens. Cette ville ravitaille Doullens, et
lui envoie un secours de 400 hommes qui ne peuvent s'y
1596. introduire. Mais envain use-t-on contre l'ennemi, des
ressources que permettait encore l'épuisement de la France!
Le Catelet, la Capelle, Doullens, Cambray, Calais,
Ardres, sont emportées dans un an. Amiens même, où la
ligue avait jetté de profondes racines, tombe par une sur-
prise où l'on eut droit de soupçonner la trahison ; et cette
1597. place dont la conquête n'avait demandé qu'une nuit aux
espagnols, coûte à la France six millions et six mois d'un
siége dont la réussite était au moins incertaine, si l'Archi-
duc avait su profiter de l'absence du Roi et d'une terreur
1610. panique qui s'était emparée de ses troupes. La mort sur-
prend Henri IV au milieu des plus vastes desseins. La
Somme était déjà en seconde ligne ; mais la première ligne
ne se formait pas encore de la Canche et de la Scarpe.
Arras, Hesdin appartenaient aux Espagnols ; et si Louis
XIII en mourant, devait laisser la France aggrandie des
provinces d'Artois et du Roussillon, les troubles religion-
naires, l'ambition des princes de son sang, annonçaient
1535. un règne orageux. La guerre se déclare avec l'Espagne ;
l'ennemi s'empare de la Capelle, du Catelet ; il s'avance
vers la Somme ; descend cette rivière, et vient camper sur
les hauteurs de Bray. L'armée française était arrivée sur
1636—1637. la rive opposée. L'ennemi tente inutilement de forcer le
point de Capy : il fait une fausse attaque à Sailly, et passe
à Cérisy, malgré la vigoureuse résistance du régiment de
Piémont. Les français, obligés de se replier sur Noyon,
pour couvrir la Capitale, abandonnent à leurs propres forces
les places de la Somme. Corbie, Roye sont assiégées et

prises. Amiens est tournée ; mais le Roi sentait trop le danger d'une telle position, pour ne pas tenter de reprendre ces deux places. Le succès couronne ses efforts ; il y rentre dans la même campagne, et la guerre va se porter en Flandre et dans l'Artois.

Le ministère de Richelieu prépare le règne brillant de Louis XIV. Ce grand homme étoit mort trop tôt. Le souple Mazarin ne se maintient qu'avec peine pendant une minorité que menaçait la guerre de la Fronde. La Somme, toujours en seconde ligne, voyait la première effacée par Montreuil, Hesdin, Arras, le Catelet, etc. Mais la faiblesse de la trouée entre Bapaume et l'Oise, pouvait faire regarder Péronne et Saint-Quentin comme places de première ligne. Le Grand Condé le prouva, en 1653.
venant par Marcy prendre Chaulnes et Nesles qui lui ouvrirent leurs portes, et faire le siége de Roye. Louis XIV étendit encore plus que ses prédécesseurs les limites du royaume. Sous son règne prit naissance ce système définitif adopté par Vauban, et qui fait encore l'admiration des militaires instruits. Elle arriva cette époque glorieuse où la frontière du nord présentait à l'ennemi cinq lignes de places fortes. Vauban, après la construction de Maubeuge, obéissant à des vues d'économie, crut pouvoir proposer l'abandon de la Somme et la réforme de plu- 1685.
sieurs places en quatrième ligne : mais le Roi sentait le besoin de se tenir sur ses gardes ; il ne détruisit rien, et les événemens postérieurs prouvèrent la justesse de ses vues. Des partis ennemis, après la bataille de Senef, avaient tenté en vain de pénétrer par Arras et la Picardie, dans la guerre désastreuse de la succession. Ces mêmes places qu'on voulait raser, deviennent le boulevard de la France. Ne sait-on pas que, de nos jours, lorsque l'Europe coalisée par l'ambition et la haine, menaçait nos frontières trop long-temps négligées, des bandes autrichiennes ont paru jusqu'aux portes de Péronne, et sont venues menacer Saint-Quentin ? Les victoires du héros magnanime qui nous gouverne, et les traités qui les ont couronnées, ont porté sur le Rhin nos nouvelles frontières. Son arrêté du 26 brumaire an 13, annonce cependant son opinion sur la ligne de la Somme. Cet arrêté supprime les places d'Amiens, de Doullens et Bapaume, ses vedettes ; mais il conserve les citadelles de

ces deux premières villes. Péronne et Saint-Quentin sont mises hors d'entretien. Abbeville seule reste comme partie intégrante de la frontière maritime. Ham n'est conservée que comme prison d'Etat.

Je terminerai cette esquisse en indiquant rapidement les époques où les différentes citadelles du département furent construites.

AMIENS. Avant le bon Henri, la ville d'Amiens était défendue par des fortifications informes, par un château-fort placé en face de l'Hôtel-de-Ville actuel, et par deux anciennes forteresses. C'est en 1596 qu'on a commencé la construction de l'Hôtel-de-Ville actuel. Les premières séances de l'Echevinage y furent tenues en 1601. Il n'a été totalement achevé qu'en 1757. La nouvelle façade et ses deux pavillons datent de cette époque.

En 1347, le Roi Philippe de Valois ordonna d'environner les faubourgs de la ville de nouvelles fortifications. Louis XI donna plus tard l'ordre aux Magistrats d'Amiens, de contraindre les habitans de quatre lieues à la ronde de venir travailler aux fortifications extérieures de la ville. En 1475, ce même Roi écrivit à Antoine Clabault, alors Mayeur, pour qu'il eût soin des travaux publics. Il le chargea de faire abattre les anciennes murailles, de combler les anciens fossés, d'en creuser de nouveaux, et de mettre la ville en état de défense (1). Sous Henri IV et Louis XIII on construisit les bastions extérieurs, les ouvrages à cornes, l'éperon et le bastion dit de Longueville. Les armes de ces deux monarques se voient encore sur quelques pans des murs et des bastions.

Ce fut en 1117 que le château-fort dont j'ai indiqué la position, fut rasé et détruit, après un siége de deux ans et une famine qui en força la remise entre les mains de Louis-le-Gros. Ce Prince n'en donna l'ordre que pour punir l'orgueil des Comtes d'Amiens qui, à plusieurs reprises, avaient insolemment bravé la puissance royale (2).

---

(1) L'hiver de 1431 fut si violent et les gelées si extraordinaires, qu'elles firent tomber 423 toises des murailles de la ville en divers endroits : elles furent réparées l'été suivant.

(2) On attribue au Roi Charles-le-Chauve, vivant dans le 9e. siècle, la première construction des châteaux-forts en France, pour s'opposer aux fréquentes incursions des Normands. Celui d'Amiens

A la prière de Geoffroy, lors Evêque d'Amiens, ce Prince conserva la cave et le cachot où St. Firmin avait été décapité. On y construisit l'Eglise de St. Firmin en Castillon qu'on démolit actuellement (1).

Les deux anciennes forteresses, dont l'une était située entre la porte des Rabuissons et la porte de Paris, murée par ordre de Louis XIII, et l'autre à la poissonnerie d'eau douce, furent détruites en 1346 et années suivantes, sous le mayorat de Gilles Ravin.

Après la reprise d'Amiens sur les Espagnols, en 1597, Henri IV, pour obvier à toute surprise ultérieure, ordonna la construction d'une citadelle, à l'endroit même par où les ennemis venant de Doullens avaient pénétré dans l'intérieur. Ce fut lui qui en détermina l'assiète et les dimensions. La direction des travaux fut confiée à Jean Evrard, son premier Ingénieur. Le plan en fut tracé en 1598 : c'est un pentagone régulier. L'Eglise paroissiale de St. Sulpice, l'hôtel d'Heilly ou la maison des Célestins, et plus de cinq cents maisons disparurent successivement pour faire place aux nouveaux travaux. On creusa de suite les fossés, et trois bastions, sur cinq, s'élevèrent du côté de la campagne. Ces cinq bastions ont reçu leur premier nom du vainqueur d'Hernandes Teillo. Celui dont l'angle flanqué regarde la Madeleine, fut nommé bastion de Béarn; il donna le nom de Vendôme à celui qui se prolonge sur le faubourg de Saint-Pierre (2). Le bastion à gauche de la porte de Secours, du côté de Saint-Maurice, reçut le nom de Biron, qu'après la mort tragique de ce Maréchal de France, il échangea contre celui de Navarre. Celui qui regarde la chaussée Saint-Leu fut nommé bastion de Saint-Pol. Enfin le bastion près le Maucreux fut nommé Montmorency, et depuis Chaulnes. Tous les ouvrages en

---

servait de citadelle pour défendre la ville et maintenir le peuple dans l'obéissance. Son emplacement occupait tout le terrain de Saint-Firmin en Castillon, le marché aux volailles, l'Hôtel-de-Ville actuel, l'ancien Bailliage et une grande partie de la rue des Vergeaux. Il était très-bien fortifié et entouré de fortes murailles. Son antiquité se prouve par la mort de St. Firmin, qui y souffrit le martyre le 10 octobre 290.

(1) Le mot *Castillon* est un diminutif de *castellum* ou château.

(2) Ce bastion a pris plus tard le nom de Luynes, l'un des Gouverneurs, qu'il a conservé jusqu'à ce jour.

maçonnerie, fossés, ouvrages en gazon, magasins, etc. ont été successivement commencés et achevés sous les Gouverneurs Dominique de Vic; Christophe de Lannoy, mort en 1600; François de l'Isle, mort en 1611; le fameux Concini, Marquis d'Ancre, décapité à la Bastille en 1617 (1); Hercule de Rohan, Duc de Montbazon; Charles-Albert, Duc de Luynes, nommé Gouverneur en 1619; Honoré d'Albert son frère, Duc de Chaulnes, nommé au mois de février 1622. C'est ce dernier Gouverneur qui fit construire, en 1633, la demi-lune revêtue de maçonnerie, qui couvre la porte de la citadelle du côté de la ville.

On voit encore, dans l'enceinte de la citadelle, sur une pierre, le portrait en relief du fameux Marquis d'Ancre. Sur la porte du côté de la ville, on lit cette inscription à la louange d'Henri IV :

Invictâ Henrici quarti manu
Non manubiis conflata moles,
Æterno tanti Regis nomini dicata
Quæ pacem orbi bello restitutam perennat.

Le 31 juillet 1675, sur les trois heures après midi, le moulin à poudre, placé vers la porte de Saint-Pierre, sauta avec une épouvantable explosion. Deux cents maisons voisines furent renversées : toutes les vîtres des maisons furent cassées. Beaucoup de monde périt.

DOULLENS. Nous lisons dans Flodoard, qu'en 931, Raoul, Roi de France, et Hugues, Comte de France et Duc de Paris, réunirent ensemble toutes leurs forces pour mettre le siége devant le château nommé alors *Donencum*, appartenant à Hébert II, Comte de Vermandois et d'Amiens. Ce *Donencum* ou *Donincum* est le Doullens d'aujourd'hui. On ne peut donc douter que cette forteresse qui, en 931, était capable d'occuper toutes les forces de deux Princes très-puissans, n'ait eu une fondation qui se perdait dans la plus haute antiquité. Doullens existait du temps de Jules-César. Comme c'est sous les Comtes de Ponthieu, que cette ville et sa forteresse, détruites et rasées par Raoul et Hugues, se sont rétablies, on peut

(1) D'autres disent tué sur le Pont-Neuf.

fixer à cette époque la naissance des nouveaux ouvrages qui l'ont défendue depuis lors. En sa qualité de ville frontière pendant plusieurs siècles, elle a toujours été réputée place forte.

Vendue à Louis VIII par la Comtesse Marie de Ponthieu, Doullens fut ensuite aliénée par Charles VII. Louis XI son fils la racheta en 1463. Elle est restée à la couronne jusqu'en 1522.

En cette année elle fut assiégée par les Espagnols qui furent forcés de lever le siége par la bonne défense de la garnison et des habitans commandés par le Comte de Saint-Pol. Sur la fin de cette année, la place ne pouvant plus soutenir un second siége, fut abandonnée. Les Impériaux s'en rendirent les maîtres, la pillèrent et la brûlèrent. Antoine de Crépy répara cette place qui fut assiégée l'année suivante : il obligea les deux armées de l'Empereur et du Roi d'Angleterre de lever le siége.

Ce fut François Ier. qui fit construire le nouveau château et les terrasses, à l'endroit où est la vieille citadelle, sous les ordres du brave Pont-Dormy (1). Ce Prince le fit ensuite revêtir de grès.

Dans son état actuel, la citadelle, réparée par Vauban, passe pour être très-forte et en état de faire une longue défense.

Le siége le plus mémorable et le plus funeste qu'ait éprouvé cette place, est celui des Espagnols en 1595, sous la conduite du Comte de Fuentès. Prise d'assaut, il s'y fit un carnage épouvantable. Plus de deux mille personnes, tant de gens de guerre que des habitans, furent passées au fil de l'épée. La première fureur du soldat ne respecta ni l'âge ni le sexe. Il n'y eut d'épargnés que ceux qui s'étaient réfugiés dans les Eglises.

Je ne parlerai point de la procession *Cocqueville* et de ses causes. Tout le monde connaît les forfaits et l'affreux supplice de ce protestant, Lieutenant de Roi de la ville. Il est bien des pages de l'Histoire qu'il faudrait pouvoir déchirer.

Péronne, connue jadis sous le nom de *Mont des Cignes*, a toujours été fortifiée : elle existait du temps des Ro- PÉRONNE.

(1) De l'illustre famille des Créquy.

mains; mais ce n'était alors qu'une forteresse qui avait été construite à l'entrée des marais de la Somme, pour en défendre le passage. Cette ville resta sous la puissance des Romains jusqu'en 438, qu'elle passa sous la domination des Francs. Les fondations de cette forteresse furent reconnues en 1634, en creusant les fossés des nouvelles fortifications. La forme, le genre et la solidité des ouvrages, attestèrent la main et le génie des Romains.

On ne peut assigner l'époque précise de la construction du château actuel : il existait dès le 10ᵉ. siècle, puisque Charles IV, dit le Simple, qui y avait été attiré et détenu par la perfidie d'Hébert II, Comte de Vermandois, y termina ses jours le 7 octobre 929, dans une des tours que l'on voit encore aujourd'hui. Louis XI, malgré sa finesse et son astucieuse politique, y fut retenu quelque temps prisonnier par le Duc de Bourgogne. Ce Prince ne parvint à en sortir qu'après avoir signé le traité désavantageux du 14 octobre 1468, appelé depuis la paix de Péronne.

Les fortifications encore subsistantes sont du Chevalier de Ville. Le Maréchal de Vauban y a fait aussi quelques ouvrages.

La Somme qui environne son enceinte, contribuait, avec ses fortifications, à la rendre la plus forte place de la Picardie.

Les ennemis de la France ont voulu souvent s'en emparer : leurs entreprises ont toujours été infructueuses.

Le siége le plus mémorable qu'elle ait soutenu, est celui des Espagnols, sous la conduite du Comte Henri de Nassau, en 1536. Les habitans de cette ville, les femmes mêmes, donnèrent en cette occasion les marques les plus éclatantes de leur courage. On cite avec éloge les Seigneurs d'Estourmel, de Saisseval et de Sarcus, qui s'étaient jettés dans la place pour la défendre. L'Histoire a conservé le nom de *Jeanne de Poix*, qui renversa dans le fossé un Enseigne ennemi qui avait déjà arboré son drapeau sur la muraille du rempart, près la porte de Paris.

Nos anciens Rois, entr'autres François Iᵉʳ. et Louis XIV, avaient accordé de grands priviléges aux habitans de Péronne, pour les récompenser de leur fidélité et de leur valeur. On connaît la médaille que fit frapper Louis-le-Grand pour en perpétuer le souvenir : elle représentait, l'un côté, une fille avec trois P couronnés : *Perona perpetuò puella ;* avec l'exergue : *Urbs nescia vinci.*

On lit cependant dans l'Histoire de l'ancien duché de Valois (1), que Péronne a été prise une fois par Raoul III, Comte de Crepy, en 1071. Si le fait est vrai, Péronne ne serait pucelle que depuis cette atteinte portée à sa virginité.

L'Histoire reproche à cette ville sa trop grande complaisance pour la Ligue, dont elle a été le berceau. Henri III et le Duc d'Anjou l'y signèrent en 1576. Cette fanatique association fut également signée, le 2 février de la même année, par la noblesse de Picardie et par les magistrats assemblés en l'Hôtel-de-Ville. Il est vrai que ceux-ci y furent entraînés par l'ordre et l'autorité du gouverneur de Péronne, qui était chef de la Ligue en Picardie. Amiens et plusieurs autres villes de la province refusèrent d'accéder à ce traité.

Cette ville, située sur la rivière de Somme, dans une plaine, au milieu d'un marais sur lequel elle domine, était une des places fortes de la Picardie, avant que Louis XIV eût conquis Cambrai. Depuis cette conquête, cette place qui, peu d'années auparavant, avait été fortifiée à la moderne, n'étant plus regardée comme frontière, vit démolir ses fortifications. HAM.

Le château, conservé comme prison d'état, a été bâti et fortifié par Louis de Luxembourg, dit Connétable de France, Comte de Saint-Pol, vers l'an 1470. On y voit avec effroi une tour ronde de 100 pieds de diamètre et de hauteur. Les murs ont 36 pieds d'épaisseur. Le Duc d'Orléans prit et brûla cette ville en 1411. Les royalistes l'enlevèrent aux Bourguignons en 1432; mais, dans la même année, la place fut vendue au Duc de Bourgogne pour la somme de 40,000 francs. Le château se rendit en 1557 aux troupes du Duc de Savoie et du Prince d'Orange, après la bataille de Saint-Quentin. Les Français ayant été introduits dans le château, la nuit du 20 juin 1595, s'emparèrent de la ville et massacrèrent la garnison.

Ce n'est que vers la fin du 10e. siècle, qu'Abbeville (2) ABBEVILLE.

(1) Tome Ier., pag. 301 et 302.

(2) Nommée jadis *Abbatis villa.* Les uns disent que ce nom fut donné, parce que, dans sa première origine, elle appartenait

a commencé à devenir célèbre. Hugues Capet, fils de Hugues-le-Grand, craignant avec raison de nouvelles irruptions des Normands par l'embouchure de la Somme, fit fortifier cette ville qui, dit-on, n'était alors qu'une métairie. Son château a été bâti par Hugues-le-Grand. En 1369, les habitans chassèrent de leur ville les Anglais, sous la domination desquels ils étaient, pour se soumettre à Charles V, Roi de France. Quoique souvent exposée aux attaques de l'ennemi, elle n'a jamais été prise; ce qui, jusqu'à la révolution, lui a valu l'honneur de se garder elle-même, et d'être commandée par le Mayeur décoré de toutes les prérogatives de Lieutenant de Roi. Elle avait pour glorieuse devise : *Urbs fidelis*, la ville fidèle.

à l'Abbé de Saint-Riquier. D'autres soutiennent avec plus de vraisemblance, que ce nom lui est venu d'un Comte de Ponthieu, qui prenait la qualité d'Abbé, et y faisait sa résidence. Le titre de la fondation de l'Hôtel-Dieu prouve qu'en 1158, Jean se qualifiait : *Ego Joannes, Comes et Abbas Ecclesiæ B. Wulfrani*, etc.

PRÉCIS HISTORIQUE

DE LA SURPRISE D'AMIENS PAR LES ESPAGNOLS,

Le 11 Mars 1597;

ET DE LA REPRISE PAR HENRI IV,

Le 25 Septembre suivant;

Lu à l'Académie d'Amiens, dans sa Séance du 15 Avril 1806.

MESSIEURS,

TOUT ce qui intéresse le pays auquel nous appartenons, doit être plus particulièrement l'objet de nos recherches et de nos travaux.

Occupé quelque temps de la Statistique du département de la Somme, j'ai dû envisager les époques principales et saillantes de son histoire.

Le double évènement de la prise et reprise d'Amiens, vers la fin du 16e. siècle, a plus particuliérement fixé mon attention. Le récit de ces deux mémorables époques vient naturellement se placer à la suite du Coup-d'Œil militaire que j'ai eu l'honneur de vous lire dans notre dernière séance. Ma peine sera surabondamment payée et mon ambition pleinement satisfaite, si mon travail peut captiver un moment votre attention et obtenir l'honneur de votre suffrage.

La relation dont je vais vous entretenir, a pour base et pour fanaux les renseignemens fournis par Davila, qui fut témoin du siége d'Amiens; par Baronius; par le chanoine de Lamorlière, contemporain de cet évènement (*);

(*) Toutes les notes justificatives ou explicatives, se trouveront à la fin de l'Ouvrage.

(1) par Bentivoglio; Belle-Forest; les économies royales de Sully; quelques notes du respectable Secrétaire de cette Commune, et un petit nombre de manuscrits.

Je n'ai d'autre mérite que celui d'avoir puisé dans ces sources, et rapproché ce qui se trouve épars dans ces différens historiens.

Tous s'accordent à dire que Dom Hernandès-Teillo de Porto-Carrero, gentil-homme castillan, et gouverneur de Doullens pour le roi d'Espagne, sous les ordres immédiats du cardinal Albert, archiduc d'Autriche, commandant en chef les forces espagnoles, était un vieillard de petite taille, brave et rusé, homme de grand cœur, de beaucoup d'esprit, d'une vivacité surprenante, connaissant parfaitement les hommes et la science de la guerre, enfin qu'il s'était signalé en beaucoup d'occasions dans sa carrière militaire.

Pendant son séjour à Doullens, ce général, s'il faut en croire au témoignage de Davila, historien des Mayeurs de cette ville, eut occasion de connaître une certaine dame de Monchy, belle, noble et riche veuve, originaire d'Amiens, domiciliée pour lors à Talmas, village intermédiaire entre cette ville et Doullens : il paraît même qu'elle en était dame féodale.

Devenu fortement épris de cette veuve, Hernand demanda sa main et lui offrit la sienne. La première réponse fut que, sujette du roi de France, et lui soldat du roi d'Espagne, elle ne devait ni ne pouvait écouter ses propositions. Sollicitée de nouveau, le consentement fut enfin donné, mais sous condition qu'il remettrait la ville de Doullens entre les mains du roi de France, ou qu'il ferait la conquête d'Amiens au profit de son maître. Cette singulière alternative ne fut sans doute proposée, que pour mettre à la fois sa personne et ses biens en sûreté.

L'amoureux Teillo se décida pour la conquête d'Amiens. Le cardinal Archiduc, stationné pour lors dans une ville de la ci-devant Belgique, secrètement instruit des projets de son lieutenant, les approuva; il lui promit des forces suffisantes pour les réaliser. Bientôt on vit les garnisons voisines s'augmenter. Cinq mille hommes s'approchèrent des frontières de la Picardie; et, pour ne donner aucune inquiétude aux français, on répandit sourdement le bruit que ces troupes étaient destinées à prévenir un soulèvement, et à punir quelques rebelles de la garnison de S. Pol, qui s'étaient révoltés d'après ses insinuations.

A la faveur de plusieurs travestissemens, ce général, qui connaissait déjà parfaitement Amiens, s'y introduisit de nouveau pour connaître par lui-même l'état actuel des fortifications. Mieux que personne, il savait que la Ligue et l'Espagne avaient encore dans cette ville un grand nombre de partisans, et que le feu de la révolte n'était pas totalement éteint, malgré les rebelles qu'on avait chassés le 21 mars, et ceux qu'on avait emprisonnés le 13 juillet 1594. Un traître, nommé Dumoulins, banni de la cité pour méfaits, s'empressa de l'instruire que les habitans, *gens hauts à la main et peu experts à la guerre*, venaient de refuser 800 Suisses qu'Henri IV leur avait envoyés; que quoique possesseurs ou dépositaires de 60 pièces d'artillerie, de 800 barils de poudre, d'une grande quantité de boulets, de munitions et d'argent qu'on venait d'y accumuler pour le siége de Doullens que la Cour avait projetté; le voisinage de l'ennemi ne leur inspirait cependant aucune inquiétude, et que les portes étaient fort mal gardées.

Un bon citoyen, Claude le Matre, sieur d'Audicourt, frappé des dangers auxquels le voisinage des espagnols exposait sa patrie, avait lu et déposé, peu de tems auparavant, sur le bureau du corps-de-ville, un mémoire dans lequel il proposait à Pierre de Famechon, lors mayeur;

1°. De donner ordre à ce que la garde fût plus nombreuse, et de tenir la main à ce qu'on la fît plus exactement;

2°. De faire battre la campagne par personnes sûres, pour découvrir les lieux où l'ennemi pouvait placer des embuscades;

3°. De pourvoir aux surprises nocturnes et escalades;

4°. De faire boucher l'entrée des carrières, chaufours et autres cavités dans les environs de la ville;

5°. De faire garder les portes et les grilles par des hommes frais, et non par des impotens et des manœuvres qui, après avoir gagné leurs journées à la sueur de leurs corps, reçoivent un second salaire pour dormir la nuit dans les corps-de-garde;

6°. De former des compagnies bourgeoises;

7°. D'élever les murs à la hauteur de dix pieds, et de

mettre des chaînes aux portes, afin que les charriots n'empêchassent pas les grilles de fermer l'entrée.

Mais Famechon ne fit aucun cas de ce mémoire si sage et si patriotique : il refusa même de le communiquer aux échevins.

Quelques jours avant l'invasion, Hernand envoya dans la ville le sergent Larco, pour faire de nouvelles observations, et prendre de nouveaux renseignemens. Possédant très-bien le français, ce soldat pouvait mieux que personne remplir ses vues. Son rapport l'ayant convaincu de la vérité de ce que lui avait dit Dumoulins, ce même scélérat dont on trouve le nom parmi ceux qui signèrent la fameuse association des ligueurs de Picardie, le 13 février 1577, il écrivit de nouveau à l'archiduc Albert, et en obtint 5000 fantassins et 6 à 700 chevaux, sous la promesse qu'il se rendrait bientôt maître d'Amiens.

Dans la nuit du 10 au 11 mars 1597, les troupes sous ses ordres, commandées par des capitaines expérimentés, se mirent en campagne. Avant le lever du soleil, elles se trouvèrent à une demi-lieue de la ville, après avoir traversé le vallon en deçà de Coisy. Le général fit alors avancer 500 soldats qui se cachèrent, les uns, derrière un four à chaux; les autres, derrière les haies et les masures placées près de la ville. Deux cents autres occupèrent la chapelle de S. Montan, située à 300 pas de la porte Montre-Ecu. (2) Les corps-de-garde furent disposés. Le reste de l'infanterie et une compagnie de cuirassiers firent halte à la maladrerie de la Madeleine. On distribua la cavalerie dans le vallon de Coisy, pour la soustraire aux regards de ceux qui, du haut des clochers de la Cathédrale et de la tour du Beffroi, pouvaient observer et découvrir ce qui se passait dans la campagne. Tous les passages furent fermés. Défenses furent faites aux védettes de laisser pénétrer qui que ce fût dans la ville.

Son monde ainsi placé, Hernand attendit tranquillement que l'air retentît des sons de la cloche du Beffroi qui annonçait tous les jours l'ouverture des portes et la libre entrée des étrangers dans la ville.

Au point du jour, un Officier, nommé le Cadet de la Panure, monta sur un arbre, et fit signe que la cloche s'était ébranlée, et que la porte Montre-Ecu n'était plus close.

Le Général, sans perdre de temps, détacha les capitaines Dugnano, Milanais; Lacroix, Bourguignon; le Sergent Larco, son homme de confiance, et plusieurs soldats qu'il avait fait déguiser en paysans. Armés de pistolets, de bayonnettes et de poignards cachés, ils conduisirent un charriot attelé de trois chevaux, chargé de pieux et couvert de paille. Etant arrivés sous la porte, ils s'arrêtèrent, afin d'empêcher la herse de tomber jusqu'à terre. Un des prétendus paysans coupa, sans être apperçu, les traits des chevaux. Quatre soldats, également travestis en paysans, suivaient à pied le charriot, portant sur leurs épaules, les uns, des hottes et des paniers remplis de légumes et de fruits; les autres, des sacs de pommes et de noix, comme s'ils venaient pour les vendre au marché. Parvenus à la porte, l'un d'eux feignit d'être las, prit un instant de repos; puis, faisant semblant de vouloir recharger son fardeau, il lâcha fort adroitement la corde qui en liait l'ouverture.

On vit alors ce qui serait arrivé par-tout dans les mêmes circonstances. Les soldats de garde, qui n'étaient pour la plupart que de malheureux ouvriers, payés par les bourgeois pour faire le service à leur place, se jettèrent aussi-tôt sur les noix ainsi que sur les pommes, que son camarade laissa rouler en même temps sur le pavé (3).

Les Espagnols travestis et secourus par leurs frères d'armes, tombèrent incontinent dessus avec leurs poignards et leurs armes cachées; presque tous furent égorgés : quelques-uns seulement purent trouver leur salut dans une prompte fuite. Devenus, par cet heureux stratagême, maîtres de la porte, les Espagnols s'emparèrent aussitôt de tous les fusils du corps-de-garde. Le seul soldat français échappé au massacre, monta sur la porte pour abattre la herse; mais comme elle était faite en façon d'orgue, et composée de poutrillons détachés les uns des autres, elle ne boucha que les deux côtés; le milieu resta suspendu par les pieux dont le charriot était rempli; de sorte qu'on pouvait facilement passer dessous. Ce brave homme paya de sa vie son héroïque dévouement. L'ennemi victorieux releva la herse. On forma un premier retranchement avec deux autres charriots qui avaient suivi le premier.

Sans perdre de temps, le Capitaine Ferrand Dezza, avec cent fantassins espagnols, et le Capitaine Bastoc, avec un pareil nombre d'Irlandais qui s'étaient jusqu'alors tenus cachés, avertis par un coup de pistolet, avancèrent promptement vers la porte, débarrassèrent l'entrée des voitures qui obstruaient le passage, et firent avec le reste de l'armée les dispositions nécessaires pour entrer dans la ville.

Il était alors huit heures du matin. Le froid était vif. Un brouillard épais cachait la présence et la marche des ennemis. Plusieurs habitans malades de la peste étaient encore couchés (4). Un grand nombre se trouvait dans l'Eglise cathédrale pour y entendre un sermon qu'on prêchait dans ce temps de pénitence et de calamité.

Les Espagnols pénétrèrent donc dans la ville sans résistance. Des colonnes de droite et de gauche filèrent pour en occuper les portes. Hernand, à la tête d'un corps nombreux de troupes, s'avança lentement par la grande chaussée de St. Leu, distribua des troupes dans tous les quartiers, prit possession de l'Hôtel-de-Ville (5), du Beffroy (6), des autres édifices publics, et fit mettre sa cavalerie en bataille sur le marché au blé et sur le grand marché (7).

Il est à remarquer que pendant l'invasion de la ville, la cloche d'alarme garda le silence.

Ces deux circonstances réunies, et beaucoup d'autres faits également graves, firent accuser de trahison Pierre de Famechon, Procureur du Roi, lors Mayeur de la cité. La nécessité de ne pas interrompre le fil de cette Histoire, me force à renvoyer aux notes les preuves qui établissent sa culpabilité (8).

Cependant plus de quatre-vingts bourgeois armés au premier bruit, dispersés dans tous les quartiers, ne sachant de qui prendre des ordres, furent impitoyablement assassinés dans les rues. François Bléries, l'un des Echevins en charge, fut tué au bloc en défendant courageusement sa patrie indignement vendue et lâchement abandonnée par son Maire et son Gouverneur. Le Comte de Saint-Pol, au lieu de se retrancher avec les habitans fidèles aux portes de Noyon ou de Beauvais, qui n'étaient pas encore occupées par l'ennemi, se sauva en pourpoint du logis-du-Roi qu'il habitait, sans penser même à emmener avec lui son épouse. Un autre citoyen, nommé Claude Rousselot, tint tête, lui huitième, à cent hulans autrichiens. Le Conseiller le Matre, dont les sages avis auraient sauvé la ville, si le perfide Mayeur avait voulu les suivre, périt en défendant l'entrée de sa maison. Les ennemis perdirent, de leur côté, le Capitaine Dugnano et 25 soldats.

Au bruit tumultueux qu'on entendait de toutes parts, le peuple effrayé quitta le sermon pour courir aux armes. Qu'on juge de leur consternation, lorsqu'à peine sortis, les habitans rencontrèrent par-tout des soldats étrangers avec l'écharpe rouge, marchant avec ordre, mèche allumée, et couchant en joue tout ce qui se présentait (9).

Hernandès s'était déjà emparé des remparts, des portes, des places publiques, des églises, de l'arsenal et des munitions. Les canons destinés à la défense de la cité, furent aussi-tôt dirigés contre elle.

La résistance devenant inutile et n'appelant que des dangers, tous les citoyens se virent contraints d'apporter leurs armes sur la place publique. Des corps-de-garde furent établis de suite à tous les carrefours, et la ville fut livrée pendant trois jours au pillage, sous la seule réserve d'épargner le sang humain et de respecter l'honneur des dames.

Malgré ce pillage, les habitans furent encore quelques jours après rançonnés et maltraités jusqu'au parfait paiement (10). La contribution fut d'un million d'or. La dévotion des Espagnols ne les empêcha pas de dévaster les églises, et de lever de fortes contributions sur tout le clergé de la ville. « La proie trouvée dans Amiens surpasse, dit l'auteur des Mémoires de la Ligue, l'estimation qu'on en saurait faire, d'autant que c'est le lieu où arrivaient les marchands de tous endroits, tant de France que des Pays-Bas, et ce pour la situation commode de la ville, et aussi pour l'opportunité de la rivière de Somme. »

Teillo se logea d'abord chez un nommé Décourt, au marché au Feurre. Bientôt après il vint s'établir dans la rue des Sergens, près l'hôtel de Fricamps.

Le Maire, Pierre de Famechon, eut plusieurs conférences avec lui. Il ne rougit pas de lui dire en l'abordant :

Desiderio desideravi hoc pascha manducare tecum; « J'ai desiré de faire la pâque avec vous. »

Peu de jours après la surprise de la ville, on porta des plaintes à Hernand contre un soldat qui avait entrepris de déshonorer une jeune fille. Comme il lui importait de ne pas exaspérer tout-à-fait le peuple vaincu et déjà si maltraité, le coupable fut condamné à mort : son Général le conduisit lui-même au gibet; mais à la prière des parens et de la jeune personne insultée, les historiens assurent qu'il lui fit grace. Les désordres nécessaires qui accompagnent le sac d'une ville livrée au pillage, rendent cette assertion très-invraisemblable.

Le Comte de Saint-Pol, Gouverneur de la province, assuré dans ces entrefaites d'être puissamment secondé et par les gens qu'il commandait à Corbie où il s'était retiré, et par les habitans qui supportaient avec impatience et douleur le joug espagnol, fit plusieurs projets et tentatives pour reprendre la ville. Trompé dans ses espérances, il se vit obligé de transmettre cette fâcheuse nouvelle à la cour.

Il était facile de pressentir l'effet qu'elle produirait dans l'esprit du monarque qui, deux ans auparavant, répondit à l'orateur de l'Echevinage, qui lui vantait assez imprudemment la bonté d'Henri III : « Allez, bonnes gens, il vous craignait; pour moi, je ne vous aime, ni ne vous hais, ni ne vous crains. »

Le Roi apprit donc ce funeste événement le 15 mars vers les deux heures du matin, au sortir d'un bal que le Connétable de Montmorency, sous le prétexte du baptême de son fils, venait de donner en l'honneur d'une des plus belles dames de la cour, mariée depuis peu à un vieillard. Henri se lève aussi-tôt, envoie chercher ses amis, ses généraux, pour se consoler avec eux et leur demander conseil. Les paroles suivantes, adressées par ce bon Prince à son ami Sully, attestent combien la prise de cette ville lui fut sensible :

« Quel malheur, mon ami ! Amiens est pris en plein » jour, pendant que ses malheureux habitans qui ne se » sont pu garder, et qui n'ont pas voulu que je les gar- » dasse, s'amusaient à se chauffer, à boire et à ramasser » des noix que des soldats déguisés avaient répandues » exprès à la porte du corps-de-garde. »

La prise de Doullens par les Espagnols, en 1595, inquiétait tellement le Roi, que, malgré sa parole, il proposa en effet aux habitans d'Amiens de recevoir une garnison; mais ceux qui commandaient alors dans la ville, se retranchant sur leur nombre, sur les fortifications de la place et sur leur attachement pour sa personne, refusèrent de recevoir aucunes troupes : ils dirent pour excuses que leur courage était à toute épreuve; qu'ils sauraient répandre au besoin jusqu'à la dernière goutte de leur sang pour défendre leurs murailles; que ce serait les insulter que d'en douter, et le faire croire que de les forcer à recevoir garnison.

Ce refus qui les perdit, s'accorde bien peu avec une délibération du 7 septembre 1596, que j'ai trouvée dans les archives de la commune, 55e. reg. fol. 28.

« ..... En cette assemblée, M. le Mayeur a dict
» qu'il n'est besoing de représenter à la compagnie de
» quelle conséquence est la ville de Doullens à ceste ville
» pour la mettre en bien grand repos..... Mais affin
» que sa majesté le puisse faire plus aisément, il est
» d'advis que cette ville offre de fournir des vivres à l'ar-
» mée..... Ce fait, après que la compagnie a sur ce
» rendu advis, a esté ordonné qu'il sera fait offre de
» fournir à l'armée du Roi jusques à 600 muids de blé,
» mesure d'Amiens, qui font 200 muids, mesure de Paris;
» le dict blé converti en pains de munition, et délivré
» par des bourgeois de ceste ville, lorsque l'armée sera
» devant Doullens, et que la ville sera réellement sié-
» gée...... »

Rosny fit d'inutiles efforts pour consoler Henri. Le silence des courtisans collés contre les murs, ajoutait encore à la douleur de ce bon Prince. « Pensez-vous,
» poursuivit-il, reprendre si-tôt une ville si grande, aussi
» forte et aussi bien munie? Car, vous le savez, Rosny,
» toutes nos pièces d'artillerie, munitions, vivres et ou-
« tils, étaient dans cette place. Ce coup est du ciel! Ces
« pauvres gens, pour avoir refusé une petite garnison
» que je leur ai voulu donner, se sont perdus. »

« N'importe, s'écria Sully, il faut tout espérer de
» notre courage et bonne fortune; car, à tel prix que
» ce soit, il faut la reprendre. »

L'argent cependant manquait dans les coffres. Sully,

nouvellement en place, n'avait pas encore eu le temps de réprimer les manœuvres et la rapacité des traitans. Il n'y avait pas un seul régiment en état d'entrer en campagne. Mayenne et Biron regardaient le siége d'Amiens comme une entreprise aussi périlleuse que difficile. Ce zélé serviteur du meilleur des maîtres, parvint pourtant à rassurer le monarque sur les suites d'un événement qui semblait devoir ébranler son trône encore mal assuré, en lui dévéloppant un projet de finances qui devait non-seulement lui rendre la ville perdue, mais encore plusieurs autres places.

Henri, soulagé d'une partie de sa douleur, se tourna vers Gabrielle d'Estrées qui pleurait, et lui dit : « Ma » chère maîtresse, il faut maintenant prendre nos armes » et monter à cheval pour faire une autre guerre » (11).

La cour fut aussi-tôt instruite du malheur et de la résolution de le réparer. « Allons, dit ce bon Prince, j'ai » assez fait le Roi de France, il est temps de faire le Roi » de Navarre » (12).

Le ban et l'arrière-ban furent convoqués. Un arrêt du parlement déclara infâmes et déserteurs de la patrie, tous les nobles qui ne se trouveraient pas au siége d'Amiens. Leurs biens furent menacés de confiscation (13).

Peu de temps après, le valeureux Henri quitta Paris pour former le siége d'Amiens, et rassurer par sa présence les autres villes de la province. Biron l'avait précédé avec toutes les forces qu'on avait pu réunir.

Déjà sous les murs de cette cité et sous la protection du Maréchal, s'était formé un camp où non-seulement les vivres et les munitions, mais encore toutes les marchandises qu'on recherche pour l'agrément et la commodité, se trouvaient en telle abondance, qu'on disait qu'Henri avait mené Paris devant Amiens. Avec quelle satisfaction ce Prince, qui n'eut pas une seule pensée qui ne fût pour le bonheur de son peuple, vit-il son ministre chéri étendre son attention jusque sur le simple soldat; et, ce qu'on n'avait pas encore vu à la suite d'une armée, établir un hôpital si bien servi, que plusieurs personnes de qualité s'y retirèrent pour se faire guérir de leurs maladies ou de leurs blessures.

Arrivé à Corbie, le Roi donna l'ordre au maréchal de Biron d'investir Amiens du côté de l'Artois, avec 4,000 hommes de pied et environ 1,000 chevaux, afin de tenir les espagnols en allarme, et d'intercepter tous les convois qui voudraient pénétrer dans la ville, en attendant qu'il pût en venir faire le siége en personne.

Le Général espagnol, instruit des projets d'Henri, fit d'abord élire un nouveau maire. Soit que Pierre de Famechon, en butte à ses concitoyens, eût, de force ou de gré, déjà quitté la ville, ou que Hernand, tout en aimant la trahison, détestât les traîtres, Claude Pecoul, bailli de la terre et seigneurie de Boves, fut nommé son successeur. Il obligea ensuite tous ceux qui tenaient le parti du roi, de sortir de la ville, et envoya, sous bonne escorte, à Arras, les dépouilles qu'il avait conquises, et les rançons qu'il avait exigées. Les faubourgs de la ville furent abattus, la moisson naissante fut détruite. On amena les eaux de la Somme jusqu'à une hauteur de plus de deux mètres, du côté de la porte de Montre-Écu, et toute la campagne fut inondée.

Le maréchal de Biron avait pris poste à la maladrerie de la Madeleine : il fit filer aussi-tôt des troupes le long du chemin de Doullens, et rompre toutes les voies publiques, pour empêcher qu'il n'entrât dans la ville aucun secours en hommes et en vivres.

Le 30 mars au matin, Hernand fit attaquer, par le marquis de Monténegro, l'avant-garde française campée à la Madeleine. La résistance qu'il éprouva, lui fit prendre le parti de la retraite.

Le 31 on fit une nouvelle sortie, qui n'eut pas plus de succès. Les français, incommodés par le canon de la place, se mirent hors de sa portée. Les remparts étaient garnis de 60 pièces d'artillerie.

Dans les premiers jours d'avril, l'Archiduc trouva le moyen de faire entrer dans la ville, 500 chevaux commandés par Jean de Gusman. Le Maréchal, campé pour lors à Longpré, les poursuivit jusqu'au pied des remparts, et tua environ 60 soldats. Une sortie faite à propos, le mit dans la nécessité de se retirer. Ce renfort de cavalerie porta l'effectif de la garnison espagnole à plus de 5,000 hommes de troupes.

De retour à son camp, le Maréchal fit tracer une ligne de circonvallation de 40,000 toises de longueur, flanquée de sept forts pentagones, tous bien fortifiés et munis de canons : il fit également protéger par des demi-batteries et des retranchemens, deux ponts de communication qu'il avait fait jetter sur la Somme, l'un à la hauteur de Longpré et Montiers, et l'autre à la borne de Camons.

M. de Nogent prit poste au château de Rivery, avec un corps de troupes. Lagrange-Montigny occupa Camons avec 18 compagnies de chevaux-légers. Le sieur de Biez fut chargé de défendre un pont de bateaux élevé au-dessus de S. Maurice, et M. de Vicq prit son quartier au Pont-de-Metz, où il fit jetter et fortifier un pont de bateaux.

Biron fit en même temps élever un fort à 80 pas de la ville. Le pont de Longpré fut défendu par des demi-lunes.

Le Roi, récemment arrivé devant la place, écrivit à Sully la lettre suivante, datée de son camp :

« Mon ami, je vous fais ces mots pour vous dire qu'in-
» continent et au plutôt, vous donniés ordre que les 4
» mille écus destinés pour mon artillerie, soient envoyés
» ici. Donnez aussi ordre à ce qu'il faut pour mes écuries:
» c'est pitié que de voir comme je suis de ce côté-là ;
» comme aussi ce qui est nécessaire pour mes habillemens.

« Je vous recommande ces trois choses-là, et vous
» prie de les affectionner, si vous m'aimés et désirés me
» faire service agréable. Adieu. »

Au commencement de mai, un renfort de 4,000 anglais, envoyés par la reine Elizabeth, fit monter l'armée française à 13,000 hommes d'infanterie, et à 7 à 8,000 chevaux.

Le Général ennemi, plutôt resserré qu'il ne l'avait prévu, et ne pouvant se dissimuler un long siége, fit sortir toutes les bouches inutiles, et détruire par le feu toutes les habitations circonvoisines. L'occupation de l'abbaye de S. Acheul par les francais, l'empecha de réaliser le dessein qu'il avait conçu de la faire raser. L'église fut très-endommagée par le canon de l'ennemi, qui voulut détruire une charpente élevée sur la voûte du chœur, pour observer ses mouvemens. L'abbaye de S. Jean-lès-Amiens, fut renversée de fond en comble, parce qu'elle dominait un quartier de la ville.

Les assiégeans cherchèrent à pratiquer des intelligences dans Amiens. M. Rose, doyen de la Cathédrale, reçut à ce sujet une lettre du maréchal de Biron, datée du camp de Coisy, le 4 mai 1597, par laquelle on lui mandait de faire consentir au serment à prêter aux Espagnols, pourvu

qu'on

qu'on conservât des cœurs français. C'est par une correspondance très-suivie entre lui et le Maréchal, qu'on était instruit de tout ce qui se passait dans la ville.

De son côté, le Roi pressait les secours en argent qu'il avait demandés. La lettre suivante, datée de son camp, est trop précieuse pour ne pas la rappeller ici :

« Mon cher Rosny, je suis fort proche des ennemis,
» et je n'ai quasi pas un cheval sur lequel je puisse com-
» battre ; ni un harnois complet que je puisse endosser ;...
» mes chemises sont toutes déchirées ; mes pourpoints
» troués aux coudes ; ma marmite est souvent renversée ;
» et, depuis deux jours, je dine et soupe chez les uns et
» les autres. Mes pourvoyeurs disent n'avoir plus moyen
» de rien fournir pour ma table, d'autant plus qu'il y a
» plus de six mois qu'il n'ont reçu d'argent. »

La nécessité de commencer le siége, ne permit pas d'attendre plus long-tems l'argent demandé. Le Roi, suivi de sa belle Gabrielle, vint établir son camp près de la ville. Cette dame se logea d'abord à Picquigny. Le desir de se rapprocher de son amant, lui fit prendre, quelque tems après, un logement à Bôves. Le Roi prit son quartier avec toute sa cour dans l'église de la Madeleine. Les princes et les seigneurs campèrent sous des tentes placées dans les environs. On pratiqua une grande quantité de baraques pour mettre les soldats à couvert. L'armée était campée dans la vallée de la Madeleine. Des forces disposées par-tout avec intelligence, protégeaient le camp, les tentes et le logement du Roi.

On se canonna de part et d'autre pendant tout le mois de mai. Le 24, Hernand-Teillo et le marquis de Monténegro firent, chacun de leur côté, une sortie avec 300 hommes de pied. Montigny et Biron les contraignirent de se retirer, et leur tuèrent beaucoup de monde, mais non sans avoir fait eux-mêmes une perte considérable.

Une sortie faite par Jean de Gusman, le 20 juin, fut plus fâcheuse pour l'armée française. Plusieurs braves périrent. L'intrépide la Boulais vint l'arrêter dans sa marche. Dom Gusman, jeune-homme de grande espérance et d'une illustre famille, son maréchal-des-logis et son cornette, restèrent sur la place. Les espagnols, sans guide et sans commandant, se replièrent dans la ville : ils furent suivis par les français jusqu'aux ouvrages avancés ; leurs drapeaux furent plantés au pied de la contrescarpe du fossé.

Le 25 juin, le Roi commença à battre la ville. Les assiégés obligèrent alors les bourgeois, les échevins, les femmes et même les jeunes filles à travailler aux fortifications et aux retranchemens, leur donnant pour toute nourriture une livre de pain pour deux jours.

Henri,

Le seul Roi dont le pauvre ait gardé la mémoire,

qui manquait d'argent, écrivit de nouveau :

« Il me semble, Rosny, qu'étant tout nud, il n'est pas » raisonnable que, m'employant, comme je le fais, pour » le salut de la France, je sois ainsi traité. »

Le 9 juillet, autre lettre :

« Rosny, j'approche les fossés de la ville. Je suis en » grand besoin d'argent, parce que j'ai fait besogner mes » troupes à 30 sols la toise. »

Cependant Sully nous atteste lui-même que, tous les mois, il portait 1500 mille écus au camp ; mais cet argent était sacré pour Henri : il n'en détournait rien pour ses besoins personnels. Ce prince n'était prodigue que de sa personne qu'il exposait à tous les hasards de la guerre. La première lettre prouve seulement que ce sage ministre n'avait pas encore pu faire des fonds particuliers pour ce brave et généreux Monarque.

Dans cet intervalle, l'amour conduisit Henri à Bôves. Je pense ne pas déplaire en consignant ici une anecdote importante et jusqu'à présent assez généralement ignorée.

Ce monarque chéri et si digne de l'être, fit, à l'âge de 20 ans, tirer son horoscope. On lui avait prédit qu'il mourrait d'une mort violente dans son carrosse. C'est lors du siége d'Amiens qu'il en parla pour la première fois à Gabrielle d'Estrées, marquise de Monceaux ; et ce fut à l'occasion de la course dont je viens de parler.

Etant venue de Bôves où elle était logée pour faire une visite à son royal amant, ce Prince voulut la reconduire vers le soir à son château. Pendant la route, les chevaux de la voiture s'emportèrent dans un chemin creux avec tant d'impétuosité, que le carosse se renversa et fut brisé. La marquise qui, la première, avait repris ses sens, apperçut le Roi très-effrayé de cet accident, et lui entendit dire deux à trois fois : *Je suis mort.* Rassuré par son amante, et se voyant sans blessures, il se leva, et dit gaiement : *Pour cette fois la peur a été plus grande que le mal; Dieu soit loué ! Voilà la prédiction accomplie avec bien du bonheur pour moi.*

Henri n'eut pas plutôt proféré ces paroles, qu'il en témoigna du regret : il ne voulut jamais en dire davantage, malgré les pressantes sollicitations de son amie. Le crime exécrable qui, le 20 juin 1610, a terminé les jours de ce bon Prince, s'est effectué dans son carrosse au milieu de Paris (14).

Revenons à notre histoire. Les partisans de la France, excités par le capitaine Sireuil que le Roi leur avait envoyé, tramèrent à cette époque, dans Amiens, une conspiration dont l'issue entraîna la mort de sept des conjurés. Ce fut le Frère Louis Boulle, Augustin, à qui l'on s'était imprudemment fié, qui dénonça le complot au Général espagnol. Un piquet de ses soldats fut conduit par ce traître au couvent des Augustins où ces braves gens étaient réunis (15). Tous furent arrêtés, liés deux à deux, et conduits au Beffroy. Le lendemain sept d'entre eux furent pendus sur la place du Marché aux Herbes. La tradition a conservé les noms de ces infortunés que voici : Jacques Cordellon, religieux Augustin ; François Poulain, maître de l'auberge du Géant ; Choquet et Wallet ; Pierre Duflos, pailloleur ; l'ingénieur de l'armée et Claude Legris, concierge de la porte qu'on devait ouvrir aux Français, avec des outils que le Roi avait fait fabriquer à Corbie. Sireuil fut retenu prisonnier pour servir d'échange. Hernand se contenta de chasser de la ville les moines et autres religieux qui étaient entrés dans la conspiration.

Les corps de ces malheureux furent indignement traînés dans les rues, et enterrés derrière les murs de l'église de St. Jean-lès-Amiens, au jardin de St. Roch.

Le généreux Henri voulut s'en venger sur vingt Capitaines espagnols retenus comme prisonniers au château de Picquigny ; mais Sireuil qui était au pouvoir des ennemis, leur sauva la vie : il fut échangé contre eux.

Adrien de Moreuil, conseiller au Bailliage, et chef des conjurés, ce même homme qui, en 1594, avait si fort contribué à la réduction de la ville, eut le bonheur de se sauver. Le Roi le retint auprès de lui pendant la durée du siége, et le fit Majre de la ville après s'en être rendu le maître.

Teillo devenu plus prévoyant, ordonna dès-lors dans tous les quartiers des patrouilles continuelles. Tout attroupement fut défendu. Le soupçon atteignait tous ceux qu'on trouvait réunis. Enfin les mesures vexatoires furent poussées si loin, qu'on ne pouvait plus paraître dans les rues sans une permission écrite du Gouverneur.

Cependant les sorties étaient toujours fréquentes, plus ou moins fâcheuses. Celle du 18 juillet est une des plus mémorables.

Teillo met en déroute tout ce qui se trouve sur son passage. Les bataillons français sont enfoncés par les bataillons espagnols : la mêlée est affreuse. Biron reçoit un coup de feu : couvert de sang et de poussière, étendu sur la terre, sa perte et celle de ses troupes paroît inévitable. Le brave Henri, averti par des signaux du danger qui menace son camp, se dépêche d'en sortir : il vient à pied, la lance à la main, rallie et ranime ses soldats : sous la conduite du prince de Joinville, ils se battent encore pendant plus de deux heures. Le carnage recommence ; la victoire flotte incertaine ; Mayenne avec 600 chevaux la décide en faveur de Henri. Les Français tuent un grand nombre d'ennemis, et reviennent victorieux dans le camp de leur maître. Cette journée lui coûta plus de 500 hommes, dont 300 officiers.

« Avec mille hommes davantage, écrivit Teillo à l'Ar-
» chiduc, dans sa lettre du 23 du même mois, j'eusse
» coupé la gorge à toute l'armée du prince de Béarn.....
» C'est la plus honorable sortie que j'aie jamais vue de-
» puis que je suis soldat. »

Le Roi ne pouvait se consoler de la perte de tant de braves gens. D'honorables larmes mouillèrent ses yeux. Sa douleur fut d'autant plus vive, qu'il croyait au nombre des morts le prince de Joinville qu'il aimait beaucoup, et qu'une ardeur inconsidérée avait entraîné trop loin. La joie de Henri fut sans bornes quand il vit ce Prince reparaître dans son camp, plus d'une heure après le combat.

Vers les premiers jours d'août, les casemates furent prises et démolies. Les assiégeans s'avancèrent jusqu'au pied des murailles. Leur présence ranima un peu le cou rage des habitans qui éprouvaient alors les fléaux réunis de la guerre, de la famine, de la peste et de la plus intolérable oppression.

Le 24 août les murailles furent battues en brêche de deux côtés par dix pièces de canon. Le pilier-boutant de la chapelle paroissiale de la Cathédrale, l'église paroissiale de St. Germain, et quelques autres édifices portent encore l'empreinte des boulets envoyés par les assiégeans sur les Espagnols.

Hernand, malgré la disette et son peu de monde, se préparait fièrement à soutenir l'assaut dont on le menaçait. Connaissant mieux que personne sa détresse et les dangers imminens auxquels la garnison était exposée, il ne cessait d'écrire pour accélérer la marche des renforts promis depuis si long-temps par l'indolent ou timide Archiduc.

« Hâtez-vous donc, lui avait-il déjà mandé par sa » lettre du 23 juillet, et ne donnez aucune occasion de » perdre courage. Quant à moi, je n'en manquerai jamais. » Je ne trouve point moyen de bailler des ailes à votre » Altesse. Dieu veuille qu'elle n'arrive pas trop tard !.... » La peste est forte ; les morts ne ressuscitent point ; les » blessés en occupent d'autres qui les secourent, etc. »

Les instances du Général espagnol furent encore renouvellées à l'Archiduc par une autre lettre du 14 août.

« Notre espérance est en Dieu et en la pressée venue de » votre Altesse pour donner bataille ou la recevoir...... » Quant aux sorties, je n'en puis plus faire..... Je feins » votre Altesse en route. Rien ne peut remédier à cela » que votre Altesse et son armée..... Ce que je lui puis » dire, c'est qu'elle vole, s'il est possible. »

Ce Prince prit enfin le parti de venir au secours des assiégés.

Une espèce d'avant-garde parut à Querrieux, village à un mille d'Amiens. Des cavaliers qui battaient l'estrade, vinrent avertir le Roi que l'armée de l'Archiduc s'avançait. Ce monarque saute à l'instant hors du lit, s'arme, prend avec lui le maréchal de Biron et 600 chevaux, vole à sa rencontre, et le 29 août, bat complètement cette avant-garde. C'est ainsi que Henri en rendit compte le même jour à Madame, sa sœur :

« Vous aurez les premières nouvelles de l'heureux suc-

» cès que Dieu m'a donné aujourd'hui. Il était venu mille » chevaux des ennemis, conduits par tous leurs vieux ca- » pitaines pour secourir Amiens. Avec 200 chevaux et » 150 carabins je les ai défaits, n'ayant perdu que deux » arquebusiers à cheval. Il y a trois cents des ennemis » morts, beaucoup de blessés, et plus deux cornettes » prises. Il est minuit, et ne fais que venir. Faites part à » mes bons serviteurs de ces bonnes nouvelles. Je vous » baise cent mille fois les mains. »

Peu de jours après, on eut la nouvelle que l'Archiduc s'avançait en personne. L'armée qu'il conduisait avec tant de lenteur, était forte de plus de 15,000 hommes de pied, de près de 4,000 chevaux, d'une nombreuse artillerie, et de 5 à 600 charriots enchaînés et destinés à barricader son camp. Cette armée était commandée par des généraux estimés ; le brave Mansfeld en faisait partie.

Au premier bruit de sa marche, Henri IV manda à M. de Rosny de venir le voir, et de lui amener un bon cheval avec ses armes, pour l'aider à recevoir la bénédiction du Cardinal, s'il venait le voir, comme il en faisait la mine.

Le 4 septembre suivant, on attaqua les demi-lunes. C'est dans ce jour que le valeureux Teillo, regardant par un créneau, près la porte Montre-Ecu, fut tué d'un coup de mousquet, qu'il reçut, par hasard, à la tête. Cette mort, digne d'un brave, lui épargna la honte et la douleur de rendre une place qu'il avait conquise avec tant d'adresse, et défendue avec tant de bravoure.

Le lendemain, le chapitre de la Cathédrale vint faire la levée solemnelle du corps. On doit croire qu'il y fut contraint. Après les cérémonies d'usage, il fut enterré dans le chœur de cette superbe basilique, devant le grand autel, près le cœur du cardinal de Créquy.

Ce Général, juste appréciateur des talens militaires, avait coutume de dire que les trois plus grands capitaines qu'il connaissait, étaient Henri, pour la conduite d'une armée ; le duc de Mayenne, pour le siége d'une ville ; et le maréchal de Biron, pour une bataille.

Jérôme Caraffe, marquis de Monténégro, remplaça le général Hernandès Teillo. Le chapitre cathédral osa lui offrir les prières de l'église ; mais le Ciel, à qui notre France est si chère, n'exauça pas des vœux faits en faveur des ennemis de la patrie.

Les 12 et 13 septembre, le ravelin de la porte Montre-Ecu fut attaqué et emporté par l'effet d'une mine.

Le 16 du même mois, l'Archiduc enfin arrivé, fit jetter un pont de bateaux sur la Somme, un peu au-dessous de Long-Pré. Son armée prit position. Mézerai étant le seul historien qui accuse Henri d'avoir ce jour-là compromis le salut de l'armée et de la France, en quittant son camp pour aller faire une partie de chasse à Bôves, il est raisonnable de ne pas ajouter foi à son témoignage. L'ami des plaisirs était encore plus passionné pour la gloire.

Quoi qu'il en soit, le passage de 2500 ennemis sur la Somme, parmi lesquels étaient 800 capitaines choisis, avait jetté la consternation dans l'armée royale. Le Prince entendit dire à plusieurs des principaux chefs que tout était perdu. Néanmoins il dissimula le danger, donna ses ordres avec sang-froid, montra un front serein, et fit présager à ses soldats une victoire assurée. Une bataille imminente était présumable. Tout annonçait que l'Archiduc allait la livrer. Le vainqueur d'Arques, d'Aumale, de Fontaine-Française, douta du succès de la journée; son cœur paternel lui dicta dans ce jour cette prière touchante qu'il prononça à haute voix, appuyé sur l'arçon de sa selle, le chapeau à la main et les yeux levés au ciel: « Ah ! Seigneur, si c'est aujourd'hui que tu me veux » punir comme mes péchés le méritent, j'offre ma tête » à ta justice : n'épargne pas le coupable; mais, Seigneur, » par ta sainte miséricorde, prends pitié de ce pauvre » royaume, et ne frappe pas le troupeau pour la faute du » berger. »

La bataille dont on était menacé n'eut pas lieu. Par le conseil de Mayenne, et contre l'avis du maréchal de Biron dont les vues secrètes n'étaient rien moins que patriotiques, les Français attendirent l'ennemi dans leurs lignes. Déjà l'on se disposait à le bien recevoir, lorsqu'on apprit qu'après avoir perdu 400 hommes, tant tués que noyés, la résistance inattendue que le Cardinal venait d'éprouver, l'avait contraint de se retirer à St. Sauveur.

Le lendemain, l'Archiduc fit jetter un nouveau pont dans le dessein d'attaquer le village de Long-Pré; mais à la vue des retranchemens formidables qui en défendaient les approches, il se détermina à la retraite.

La prudence du Cardinal qui, selon tous les historiens,

laissa échapper la plus belle occasion de battre l'armée royale et de jetter des renforts dans la ville, put faire croire au bon Henri que sa prière avait été exaucée.

Le Cardinal Archiduc est justement accusé d'avoir fait, dans cette expédition, trois fautes considérables : la première, d'avoir, sur l'avis de ses Généraux, renvoyé au lendemain l'attaque de Long-Pré ; la seconde, d'avoir négligé de soutenir les 2500 hommes qui avaient passé la Somme ; la troisième enfin, d'avoir évité le combat lorsque tout l'engageait à le donner.

La retraite de l'armée espagnole étant irrévocablement décidée, elle se retira le même jour sur le haut de la montagne de Vignacourt. L'armée française la poursuivit. Il y eut de fort belles escarmouches et quelques boulets d'échangés. On s'observa de part et d'autre pendant quelques jours. Enfin les Espagnols, après avoir mis le feu au village de Vignacourt, comme ils avaient fait à celui d'Argœuves, abandonnèrent la partie, et prirent leur direction rétrograde vers Arras.

Leur retraite se fit dans un bel ordre. L'armée marcha au petit pas, avec une contenance fière et assurée. Tous les bataillons d'infanterie, placés dans le centre, étaient épaulés par des escadrons de cavalerie qui marchaient en bataille sur les deux ailes.

Henri suivit les Espagnols avec la plus grande partie de son armée ; mais comme l'arrière-garde ennemie marchait toujours en bon ordre, il n'y eut que quelques légères escarmouches. Quand l'Archiduc eut dépassé un vallon situé au-delà de la ci-devant abbaye de Berteaucourt, il rangea son armée en bataille, comme pour défier les Français au combat. Etonné de leur contenance et des dispositions qu'ils faisaient pour l'accepter, il continua sa marche, passa la rivière d'Authie, et gagna la ville d'Arras sans être poursuivi. Le roi de France se contenta de dire que l'Archiduc s'était présenté en capitaine ; mais qu'il s'était retiré en prêtre.

Ce même jour Henri IV écrivit, *dit-on*, la lettre suivante à Crillon :

« Pends-toi, brave Crillon, de n'avoir pas été ici près » de moi lundi dernier, à la plus belle occasion qui se » soit jamais vue et qui peut-être se verra jamais. L'en» nemi nous vint voir fort furieusement, mais il s'en est

» retourné fort honteusement. J'espère être jeudi prochain dans Amiens, où je ne séjournerai guères pour » pouvoir entreprendre quelque chose. Adieu, Crillon (16) ».

Deux jours après le départ de l'Archiduc, la garnison d'Amiens fut sommée de se rendre. Le commandant promit de le faire le 25, s'il ne recevait pas un renfort de 2000 hommes qu'il attendait. Au lieu de renfort, il reçut l'ordre de capituler.

Articles principaux de la capitulation.

1°. On ne touchera pas à la sépulture ni aux épitaphes d'Hernandès Teillo-Porto-Carrero, ni à celles des autres capitaines espagnols enterrés dans la ville, pourvu qu'on n'y lise rien contre l'honneur du roi de France. Les Espagnols pourront emporter ces corps quand ils le jugeront à propos.

2°. La garnison sortira enseignes déployées, tambours battans, mêche allumée, avec armes, chevaux et bagages, et une escorte pour conduire ses malades à Doullens et Arras. On aura soin des autres malades qui resteront dans la place, jusqu'à ce qu'ils soient guéris et en état d'être transportés.

3°. Les assiégés seront déchargés du paiement des drogues et autres choses nécessaires pour le paiement desdits malades.

4°. Les prisonniers faits de part et d'autre durant le siége, seront rendus sans payer aucune rançon.

5°. Il y aura une suspension d'armes pour six jours, jusqu'à la reddition de la place. Trois personnes de la garnison sortiront avec des chevaux pour porter la capitulation à l'Archiduc. On donnera pour ôtages, jusqu'au retour, quatre capitaines, savoir : deux Espagnols, un Italien et un Wallon.

Ces articles furent respectivement signés et portés à l'Archiduc qui les ratifia.

Le 25 septembre, sur les six heures du matin, le Roi ayant rangé son armée en bataille, envoya le Connétable, le maréchal de Biron, le duc de Montbazon et le seigneur de Vicq vers la porte de Beauvais, par où la garnison espagnole devait sortir sur les dix heures du matin. Le

Roi, monté sur un superbe coursier, le sceptre en main, accompagné des princes de Conty et de Joinville, des ducs de Montpensier, de Nevers, de Nemours et de Mayenne, des maréchaux de France et des principaux officiers de son armée, était à la tête d'environ 1700 hommes de cavalerie, et de 500 Suisses rangés en ordre de bataille.

A l'heure marquée, la garnison sortit avec armes et bagages, au nombre de 2600 hommes de pied et 600 cavaliers. Monténégro sortit le premier, escorté par 130 arquebusiers à cheval, et un pareil nombre à pied. Le bagage était composé de 160 charriots emmenant 1000 femmes, dont 400 étaient de la ville, et 300 soldats blessés ou malades. La marche était fermée par 1400 arquebusiers, 500 soldats et 600 chevaux.

Le gouverneur espagnol ayant mis pied à terre, planta son bâton à vingt pas du Roi, et après avoir baisé sa botte, il lui adressa ce compliment en langue italienne :

« *Chegli rendeva quella piazza in mano d'un re soldato,* » *perche non era piaccevole al suo re di fare soccorere de* » *capitani soldati.* »

« Je rends la place entre les mains d'un roi soldat, » puisqu'il n'a pas plu au roi mon maître de la faire se» courir par des capitaines soldats. »

Après ce compliment, le gouverneur baisa de nouveau la botte du Roi. Ce Prince l'accueillit avec bonté, ainsi que les autres officiers, et lui dit : « Général, il doit » vous suffire d'avoir défendu cette place en soldat, et » de la rendre maintenant en homme d'honneur à son » Roi légitime. »

On conduisit ensuite tout le cortège à Doullens.

Le même jour sur les quatre heures après-midi, Henri IV fit son entrée triomphante dans la ville, à la tête de 1000 cavaliers et de sa noblesse à cheval. Sa majesté se rendit ensuite à la Cathédrale, où il fut chanté un *Te Deum* en musique. (17).

Avant de quitter la ville, les Espagnols avaient fait attacher à un des piliers du chœur de la Cathédrale, un tableau de la hauteur de 9 mètres 742 millim. (5 toises), à fond de velours noir, vis-à-vis la sépulture d'Hernand Teillo, sur lequel étaient sa cuirasse, ses cuissarts, ses gantelets, son épée, ses éperons, son bâton de commandement et sa trompette. Dans le haut étaient son casque, à côté une lance soutenant sa cotte-d'armes, et de l'autre sa cornète. Dans le bas, une lame de fer offrait en lettres d'or l'épitaphe suivante :

D. O. M.

« *Hîc vivet memoria nobilis et antiquissimæ prosapiæ*
» *viri, colonelli Ferdinandi de Teillo Porto-Carrero :*
» *primus pro Rege nostro catholico Philippo secundo,*
» *nec non ipsius præfecto serenissimo Principe Alberto,*
» *cardinali austriaco, hujus urbis Ambianensis guber-*
» *nator, quam aggressus fuit Deo adjutore, virtute suâ,*
» *justitiâque et religione cooperante.* «

Obiit 4 sept. an. 1597.

Les Espagnols n'étaient pas encore sortis de la ville, qu'on y joignit l'inscription suivante :

D. O. M.

« *Hîc vigeat æterna laus christianissimi ac invictis-*
» *simi Henrici quarti, Franciæ et Navarræ Regis, non*
» *pario notata marmore aut memphiticâ pyramide, sed*
» *ipsâmet Franciâ suoque præsertim Ambiano, quod*
» *pulsis indè, expeditâque admirabili obsidione, His-*
» *panis, extinctoque illic, ac terræ reddito Ferdinando*
» *à Teillo, agressore ejusdem Ambiani, nec non primo*
» *ac ultimo ipsius pro Rege suo Philippo, detentore,*
» *ingressus est victor, faventibus intrà extràque supe-*
» *ris.* »

25 *sept. an.* 1597.

Le Roi lut les deux inscriptions. Par ses ordres elles furent enlevées aussi-tôt, ainsi que le trophée. Les Français furent extrêmement surpris quand ils virent la cuirasse, le casque et les autres armures dont se servait ce guerrier. Elles étaient si petites, qu'on les eût prises pour l'armure d'un enfant, tant sa taille répondait peu à la grandeur de son courage.

Malgré le premier article de la capitulation, le corps

d'Hernand Teillo fut enlevé du sanctuaire, et placé dans la croisée de l'église à droite du dernier pilier de la nef, près la chapelle de Notre-Dame-du-Puy. On y voit encore sur une petite pierre à losanges, ces mots placés aux quatre angles.

1597

H ✝ T

W

J'ai vu chez M. le Dieu, contrôleur des contributions, connu par son goût pour les antiquités, un tableau original de ce rusé et vaillant capitaine.

Henri IV sortit de la ville sur les six heures du soir. Il avait auparavant pourvu à sa sûreté par vingt compagnies d'infanterie et trois de cavalerie, à qui il donna l'ordre de faire de temps en temps des courses jusqu'aux portes d'Arras, pour rendre en son nom visite à son cousin l'Archiduc. Le gouvernement de la ville fut donné à M. de Vicq, qui répara les fortifications et repeupla bientôt la ville dévastée par la peste, la famine et un long siége. La population qui était de près de 24,000 ames, fut réduite à moins de 8000. La barbare tyrannie des Espagnols, ainsi que la longueur du siége, avaient rendu les denrées si rares et si chères, que le septier de blé valait 7 à 8 francs; la livre de vache, 40 sous; celle de cheval, 8 sous; la livre de beurre, 7 à 8 francs; un œuf, 10 sous : sommes énormes pour le temps.

La rentrée de la ville sous l'obéissance de son Roi légitime, fit bientôt renaître l'abondance. Tout ne tarda pas à y reprendre le cours ordinaire.

Pour conserver la mémoire de ce grand évènement, on frappa des jetons sur lesquels on voyoit des branches de laurier entrelacées de branches d'olivier, avec cette légende autour : *Pax in armis.*

Le 26 septembre, le lendemain de l'entrée des troupes francaises dans la ville, le feu prit au logement militaire du Roi avec tant de violence, que toutes les baraques des soldats furent en peu de temps consumées par les flammes. Il n'y eut néanmoins ni perte d'hommes ni de bagages, parce que l'armée avait décampé peu d'heures auparavant ; ce qui fit dire aux soldats que c'était un feu de joie.

Avant de quitter Amiens, le Roi ordonna la construction de la citadelle actuelle. On plaça, la même année, sur la porte de St. Pierre, la plus moderne de toutes, le buste en bronze du bon Roi, avec cette inscription sur une tablette de marbre :

Ut beneficum sidus fortissimi
Henrici IV vultum posteri nôrint,
Quem Urbs et Orbis Gallicus
Regem ac liberatorem habet.

D'un Prince bienfaisant reconnais le visage ;
France ! voilà les traits d'un Roi toujours vainqueur.
Amiens ! Henri t'affranchit de l'esclavage,
Et par ta reprise, il fut ton libérateur.

Tous les officiers municipaux furent renouvellés. Le nombre des échevins, qui était de vingt-quatre, fut réduit à sept. Le nom de mayeur fut aboli, et le premier échevin chargé d'en remplir les fonctions. Tous ceux qui s'étaient fait ou laissé pourvoir de charges par les Espagnols, furent déclarés indignes.

Quelque temps après, la ville fut affligée par d'autres preuves du ressentiment du Roi. Un édit du 23 novembre suivant, écrit dans des termes qui jettèrent la consternation dans le cœur de tous les citoyens, et qu'on ne put jamais faire révoquer ni modifier, supprima la plus grande partie des beaux et nombreux priviléges dont la ville d'Amiens jouissait depuis long-temps. Parmi ces priviléges accordés en partie par Louis-le-Gros en 1113, augmentés et confirmés par Philippe-Auguste en 1209, par Louis VIII en 1225, par Philippe-le-Bel en 1307, par d'autres Rois et par Henri IV lui-même en 1594, le plus beau sans doute était le droit de se garder elle-meme. La ville l'avait toujours conservé comme une marque honorable de la bravoure et de la fidélité de ses habitans ; *Fidelissima Picardorum natio.* Mais en punition de la négligence ou de la déloyauté du mayeur Famechon, l'edit déclara que désormais la ville auroit un gouverneur de son choix, et qu'elle recevroit garnison à sa volonté.

Le clergé qui, de gré ou de force, avait adressé des prières à Dieu pour le succès des armes ennemies, fut taxé à 14,180 écus, et le chapitre de la Cathédrale à 1291 écus.

Cette sévérité que les circonstances rendaient nécessaire et excusable, dut coûter au cœur de ce Prince qui aimait véritablement cette province, et qui peu de temps auparavant avait dit au greffier de la ville, qui lui fut député à Lyon, que bientôt il se rendrait au milieu de ses concitoyens, *parce que de fait et d'affection il était Picard* (18). (Registre 54, fol. 138, ℞. de la municipalité.)

Le 11 mars 1598, en vertu d'un arrêt du parlement, tout le clergé d'Amiens, le nouveau gouverneur, la noblesse et les gens de justice furent processionnellement enlever les corps des sept personnes que le général espagnol avait fait pendre pour avoir cherché à faire entrer dans la ville les troupes du Roi. Ils furent apportés du jardin de St. Roch dans l'église des Augustins où ils reçurent les honneurs de la sépulture. Les lâches qui avaient possédé des charges sous le règne des Espagnols, furent contraints d'assister à la cérémonie avec un cierge à la main.

Le 29 avril suivant, Henri IV accorda, par lettres patentes datées de Nantes, aux marchands d'Amiens, un délai de deux ans pour le paiement de leurs dettes, tant à cause de la perte de leurs marchandises, effets et argent pendant le séjour des Espagnols, qu'à raison de l'énorme rançon qu'ils furent obligés de leur payer.

Le 2 mai de la même année, la paix fut signée à Vervins entre le roi d'Espagne et celui de France, par le Cardinal de Florence. Ce légat du Saint-Siége se rendit à Amiens, accompagné du nonce du Pape Clement VIII, et de sept à huit évêques. Après la messe qu'il chanta dans l'église cathédrale, on annonça plusieurs fois la paix du haut du jubé, au bruit des trompettes, des cloches et du canon. Il y eut un *Te Deum* chanté avec la plus grande solemnité.

Je terminerai ce récit en indiquant les guerriers qui se sont le plus signalés au siége d'Amiens : l'histoire doit en perpétuer le souvenir.

Indépendamment de Henri-le-Grand, du maréchal de Biron, du Prince de Joinville et du duc de Mayenne, qui manifestèrent leur courage et leur valeur par des actions extraordinaires, on cite encore avec honneur et reconnaissance les noms de Montespan, capitaine des gardes-du-corps; de Saint-Luc, grand-maître de l'artillerie; de Montigny, colonel de la cavalerie légère; de Dominique de Vicq, maréchal-de-camp; des seigneurs de Fervaques, d'Halincourt, de Belleval, de Saleux, d'Ardres, de Feuquerelles, de Bony, de Gouy, de Créquy, de Conchotte, de Mouchy, de Mailly, de Rentières, de Tofflet, de Mont-Cauvel, de la Chaussée, de Plainville, de Carpentin, de Torigny, de Rambures, d'Huqueville, d'Ailly, de Saint-Blimond, de Grouches, de Gribeauval, de Frétin, de Cacheleu, de Boubers, de Fontaine, de Rambureilles, de la Neuville, d'Allenay, de Ménéressart; les sieurs Evrart, Prouville et plusieurs gentilshommes, tant de la Picardie que des autres provinces, que l'amour de la gloire et de la patrie, si naturel aux Français, avait attirés à ce siége.

FIN.

NOTES.

(1) Celui qui promet le plus, est souvent celui qui tient le moins. Une civique douleur a presque fermé la bouche à ce bon Amiénois. Il nous dit, dans ses Antiquités de la ville, que, *voyant sa patrie réduite comme un gentilhomme desfortuné à la cape et à l'épée*, il avait senti vaincre son courage, et n'avait pas eu la force de raconter les malheurs qui l'avaient plongée dans cet état de misère et d'abaissement.

(2) Les historiens du temps ont conservé la prononciation populaire de cette porte. Tous ont écrit *Montrecu*, au lieu de *Montre-Ecu* : elle fut ainsi nommée, parce qu'elle portait sur le fronton l'écu de France. Cette porte a été détruite lors de la construction de la citadelle. On en voit encore de beaux vestiges dans le parterre de M. de Virgile, ci-devant lieutenant de Roi, notre respectable collègue. Cette porte fut construite par les ordres et sous le règne de François Ier. Le frontispice est décoré d'une grande quantité de salamandres, dont plusieurs sont encore très-bien conservées. Les sabres de la révolution en ont mutilé un grand nombre.

(3) L'usage de se faire remplacer à prix d'argent, dans les villes qui avaient le dangereux privilége de se garder elles-mêmes, existait à cette époque, et s'est renouvellé de notre temps dans les milices nationales. On connaît le mot original de M. de Champcenets sur l'échafaud. Cet usage se pratique encore dans toutes les villes anséatiques.

(4) La peste ou plutôt des maladies pestilentielles ont exercé beaucoup de ravages dans Amiens, notamment dans l'année 1347. La peste dura dix-huit mois, et enleva 22,000 personnes. Dans les années 1454, 55, 62 et 63, 1545, 80, 84, 96, il périt, tant dans cette dernière année ainsi que dans la suivante, plus de 20,000 personnes. Ces fléaux se sont encore renouvellés dans les années 1601, 18, 23, 27 et 28, 32, 34, 38, 59 et 68. Jamais la peste ne

ne s'est montrée dans Amiens sous un aspect aussi redoutable qu'en cette année : elle exerça ses ravages pendant plus de six mois. Le commerce cessa tout-à-coup; les ouvriers restèrent sans pain ; les rues étaient jonchées de cadavres qu'on sortait des maisons ou qu'on jetait par les fenêtres. Des tombereaux étaient continuellement occupés à les transporter à la Madeleine. Les prêtres confessaient les malades par les croisées et du milieu des rues. La consternation fut générale. Les parens et les amis avaient cessé de se voir. Les églises furent fermées aux pestiférés. On dressa un autel sous la porte de la Poissonnerie, pour dire la messe aux malades qui se réunissaient sur le marché aux Herbes pour l'entendre. On élève le nombre des victimes à près de 30,000. Ce fléau ne finit qu'aux approches de l'hiver, après huit mois de dévastation.

Il y eut une procession générale dans la ville, à laquelle tout le clergé assista en chappes noires : toutes les reliques y furent portées. L'évêque Faure se couvrit de gloire à cette époque. La ville fit le vœu de construire une chapelle de marbre en l'honneur de St. Jean-Baptiste dont elle possède le véritable chef. L'évêque donna 3000^{tt}, le chapitre et la ville une somme égale. Amiens a été visitée dix-huit fois par ce terrible fléau. Il ne s'est pas renouvellé depuis 1668.

On a presque toujours remarqué que les rues et les maisons où il y avait des tanneries, ont été exemptes de cette redoutable contagion.

C'est le 2 mars 1627 que les échevins achetèrent des Prémontrés de St. Jean, tout l'enclos de leur ancienne abbaye sise pour lors au camp de St. Roch, pour y établir une maladrerie ou hôpital de pestiférés. Ce terrein coûta 7200^{tt}. M. Antoine Pingré était alors premier échevin faisant les fonctions de maire.

En 1580, la ville avait déjà fait construire une chapelle et trente loges de briques au marais de St. Roch pour les pestiférés. Ce terrein appartient maintenant à M. Deloffre, marchand brasseur. La peste fut si terrible en 1618, que le collége des Jésuites fut fermé, et la ville presque déserte.

(5) L'ancien Hôtel-de-Ville, dit des Cloquiers, situé

pour lors vers la place de St. Martin-du-Bourg, fut démoli en 1594, sous le mayorat de Pierre de Famechon. Les fondemens du nouveau furent jetés peu de temps après; mais on y conserva long-temps ce qu'on appelait l'écritoire, c'est-à-dire les bureaux.

(6) Le Beffroi d'Amiens, d'où l'on fait le guet, où l'on sonne l'alarme, et qui sert de prison civile, fut construit dans le 12e. siècle. Il fut rebâti en 1409. Brûlé en 1552, on le réédifia en 1574. Incendié de nouveau en 1742, le 16 avril à 10 heures du soir, et totalement consumé en seize minutes, on commença, en 1748, une nouvelle construction qui ne fut achevée qu'en 1752 : c'est celui qui existe aujourd'hui. Le nouveau est de 9 mètres 742 millim. (30 pieds) moins haut que l'ancien.

La grosse cloche actuelle pèse aux environs de 11,000 kilogrammes (22 milliers). Son diamètre est de 2 mètres 382 millim. (7 pieds 4 pouces et demi), et sa hauteur de 1 mètre 759 millim. (5 pieds 5 pouces). On lit dans l'inscription placée autour, les noms de Louis XV, du prince de Lorraine, du duc de Chaulnes, du vidame d'Amiens, de l'intendant Chauvelin, du maire François Galland, etc. etc. Elle fut fondue le 2 août 1748, dans la cour de l'Evêché, par les sieurs Florentin Cauvillier père et fils, fondeurs à Carrepuis près Roye, et bénite le 20 du même mois par M. de la Mothe, évêque. Cette cloche se nomme *Marie-Firmine*.

Les curieux vont admirer l'horloge : elle est toute en cuivre. C'est l'horloger Mauvoisin qui l'a exécutée sur les dessins du fameux Julien Leroi. C'est le 1er. janvier 1754 qu'elle a sonné la première heure de l'année.

(7) C'est sur cette place, connue sous le nom du marché aux Herbes, que les bons habitans du nord de la France ont été délivrés du monstre qui en fut si long-temps la terreur et le bourreau. Joseph Lebon y a expié ses forfaits sous le fer de la guillotine, le vendredi 24 vendem. au 4, à trois heures moins un quart. Un singulier souvenir se rattache à la personne de ce sanguinaire proconsul. C'est le dernier criminel qui a été jugé à mort dans l'ancienne maison de justice, dite la Malmaison, où se trouvent maintenant l'école communale de dessin et la Conciergerie.

(8) Plus l'accusation contre ce M. de Famechon est grave, plus je dois m'étayer des actes du temps pour mettre mes lecteurs à même de prononcer si elle fut fondée ou non.

D'abord nul doute qu'il ne fût maire de la ville lorsque les Espagnols s'en emparèrent, et que bientôt après il cessa de l'être. Famechon sortit même de la ville, soit librement ou par ordre supérieur, soit pour se soustraire au juste ressentiment du peuple.

Des témoignages nombreux attestent qu'il fut prévenu à temps par des paysans échappés aux vedettes de l'ennemi, que des soldats étrangers marchaient sur Amiens; qu'il ne tint aucun compte de leur déclaration, et que même il les traita de visionnaires.

On l'accuse également d'avoir trouvé le moyen d'écarter le guet du Beffroi.

Nous avons vu quel cas il fit des représentations énergiques que fit en pleine assemblée Claude le Matre. J'ai trouvé dans les registres aux délibérations de la municipalité d'Amiens, les actes suivans :

Séance du 18 *janvier* 1599. Reg. 56, fol. 57, R°.

Assemblée où il est question du retour en cette ville de M. Pierre de Famechon, qui était mayeur lors de la surprise de la ville.

Arrêté qu'il en sera parlé à M. le gouverneur.

Séance du 24 *janvier* 1599. *Id..... id.*

Le *Premier* fait rapport que le gouverneur lui a donné charge de faire écrire au Roi par Messieurs, pour empêcher le rétablissement de M. Pierre de Famechon.

A été arrêté que la lettre au Roi sera mise ès mains du gouverneur.

(*Nota.* Henri IV avait supprimé la place de maire après l'évacuation de la ville par les Espagnols. Le premier échevin, qu'on qualifiait de *Premier,* en remplissait les fonctions.)

A cette époque, ce M. de Famechon obtint de la clémence d'Henri IV la permission de rentrer dans Amiens.

Les échevins de la ville, indignés de le revoir au milieu d'eux, écrivirent au monarque la lettre suivante :

SIRE,

« Ayant plu à votre Majesté permettre à maître Pierre de Famechon de rentrer dans notre ville, et plusieurs habitans l'ayant vu se promener par les rues, et prendre hardiment, dans le chœur de la Cathédrale, l'une des plus honorables places, ont reçu un renouvellement de douleur de voir sous leurs yeux le sujet principal de leurs désastres et de leurs misères passées, pourquoi eux et nous, supplions votre Majesté que ledit Famechon soit tenu de se retirer ailleurs, et non point dans votre ville d'Amiens, afin que sa présence n'altère le repos de vos sujets, etc. etc. »

Séance du 27 *mai* 1599..... *Id.* fol. 67. ℞.

M. Pierre de Famechon fait un discours pour engager Messieurs à écrire au Roi en sa faveur, pour l'aider à obtenir son rétablissement comme procureur du Roi.

Arrêté qu'il en sera communiqué à M. le comte de St. Pol, gouverneur général de la province.

Séance du 29 *octobre* 1599. Reg. 56, fol. 85. ℞.

Echevinage où M. Pierre de Famechon, procureur du Roi au bailliage, fait requeste à Messieurs d'écrire en corps pour solliciter une déclaration que ledit Famechon prétend obtenir.

Discours prononcé par Me. P. de Famechon, en la séance municipale du 27 *mai* 1599.

Pierre de Famechon, n'aguères mayeur de la ville, a dict qu'il ne peult assez louer Dieu de ce que ceste ville ayant été visitée par les justes jugemens de Dieu, de tous ses fléaux par un coup extraordinaire, toutes choses néanmoins y sont rétablies par la bonté et clémence du Roi, que l'on pœut dire que la miséricorde de Dieu a suivi son jugement, et que la surprise de ceste ville a esté plutôt une correction paternelle qu'une réprobation ; et pour son particulier il s'estime heureux qu'après tant d'infortunes, perte d'enfans et de biens, faulx bruits et calomnies, il a l'honneur de se trouver en ceste compagnie; non pour autrement rendre raison de ses actions...... mais pour leur rendre le respect comme à ses magistrats politiques, et les prier de ne lui refuser une prière qu'il tient raisonnable; et toutes-fois a dict en passant que l'on ne le pœult accuser que de perfidie ou de négligence; quant à la perfidie, attendu ses depportemens au service du Roi, il ne s'est trouvé personne de sain jugement ou qui ne fût prévenu de passion, qui l'en ait accusé; et pour le regard de la négligence, il avait esté toujours diligent exécuteur des ordonnances de l'échevinage, notamment de celles qui regardaient la scureté de ceste ville, y ayant apporté davantage qu'il ne s'y soulait faire, comme il estait notoire; ce que sa Majesté ayant daigné reconnaître, quelque chose qu'on ait rendu peine pour lui faire entendre au contraire par plusieurs artifices; et que ledit de Famechon ne fût appuyé d'autre chose que de son innocence; ce néanmoins sa Majesté n'aurait fait aucune démonstration de lui vouloir mal, ayant par sa bonté naturelle et clémence ordinaire renvoyé en sa maison, et le retably en sa charge de procureur de sa Majesté; pourquoi il a prié Messieurs d'escrire au Roi en sa faveur, comme ils ont toujours cogneu le dit de Famechon homme de bien et affectionné à son service, et qu'ils n'ont cogneu cause en lui qui le puist priver de la *grâce et clémence* que S. M. a accordée à tous les habitans, et pour qu'il lui plaise lui accorder son *restablissement*, affin qu'il puist comme les autres demeurer avec sa famille et parents, et vacquer au service de sa charge comme les autres habitans.......

Et après que le dit de Famechon s'est retiré, a esté ordonné que paravant respondre sur la requeste, il en sera communiqué à Mgr. le comte de Saint-Pol, gouverneur et lieutenant-général pour le Roi en ceste province.

(*Nota*. Ce Pierre de Famechon était un des citoyens d'Amiens qui avait préféré des lettres de noblesse aux cent écus d'argent comptant que Henri IV fit offrir à plusieurs habitans qui avaient travaillé à la réduction de la place en 1594, époque où l'on parvint à chasser d'Amiens le duc d'Aumale qui y commandait au nom et pour les intérêts de la ligue.)

Il reçut en 1595 une autre grace de la cour, ce fut la permission d'acheter la charge de procureur du Roi du bailliage.

(9) M. Cornet, l'un des plus notables bourgeois du temps, et dont le nom, l'austère probité et les vertus se sont transmis sans interruption jusqu'à nous, s'exprime ainsi dans un manuscrit dont j'ai pris connaissance :

« Je demeurais en ce temps dans la rue St. Denys, où » il n'y avait encore aucune alarme. Les trois quarts de » la ville étaient déjà soumis que nous n'en savions encore » rien dans notre quartier, d'autant plus que la cloche » du Beffroy n'avait pas sonné l'alarme. Averti par des » cris et des plaintes, je sortis avec précipitation dans le » desir de servir ma patrie. Je n'étais pas avancé de » quarante pas que j'apperçus les ennemis le long de la » Cathédrale : cela me fit rentrer chez moi pour donner, » comme je le croyais, le dernier adieu à ma femme et » à mes enfans. Je m'arrachai de leurs bras, et m'en » allai droit au carrefour de St. Denys. Là je vis la ca- » valerie déployée sur le marché au Blé. Je me retirai » desuite vers la porte de Noyon, la seule qui ne fût » pas encore au pouvoir des Espagnols. Lorsque j'arri- » vai, je rencontrai le comte de Saint-Pol qui se la fit » ouvrir, et monta sur un cheval qu'on lui avait amené, » après s'être convaincu qu'il n'y avait plus moyen de » sauver la ville. Il s'éloigna avec célérité. Je sortis avec » M. de Saisseval, et me retirai le long de la rivière, » après avoir jetté ma cuirasse dans le fossé près de la » vallée, etc. etc. »

(10) Plusieurs actes notariés, portant la date de 1597, prouvent sans réplique que plusieurs citoyens se rache- tèrent du pillage, ou plutôt des rançons ultérieurement exigées, par des transactions particulières avec les sol- dats espagnols. J'en citerai quelques-unes pour servir de modèle.

« Comparant...... Jacques Dergnies, boucher, de- » meurant à Amiens, paroisse St. Michel, lequel a re- » connu et confessé devoir, et promet payer à César de

» Candia, soldat, la somme de 70 écus, pour argent » prêté, à l'effet de racheter les meubles dudit Dergnies. » Fait et passé le 13 mars 1597. »

Le même jour Jean de Lessau, procureur et notaire, s'obligea de payer à André Gonsalle, soldat de la compagnie de dom Fernandès, 32 écus pour le rachat de ses meubles, papiers, et pour la conservation de sa maison.

La femme de Jean d'Aguessau se racheta pour 400 écus; Antoine de Berny, pour 500 écus; Marie de Saisseval, pour 58, etc. etc.

Tout cela ne prouve pas, comme le prétendent quelques-uns, que la ville ne fut pas livrée aux horreurs du pillage; mais bien que quelques habitans eurent le bon esprit de sacrifier une partie pour conserver le tout, et le bonheur de rencontrer des ennemis assez bien disposés pour se prêter à ces arrangemens aussi avantageux pour eux que pour ceux dont ils envahissaient les propriétés : il est tout simple qu'un soldat préfère des écus à des meubles.

(11) Hardouin de Péréfixe, cet historien justement estimé à qui fut confiée l'éducation de Louis XIV, s'exprime ainsi sur le même sujet :

« Henri IV fut tellement affecté de cette nouvelle, que, » comme il était dans un profond sommeil, après avoir » fait danser un ballet, un courrier le vint réveiller pour » lui dire cet accident; aussi-tôt il saute hors du lit, et » mande deux ou trois de ses plus confidens pour s'en » entretenir avec eux. Ils jugèrent tous que cela arrivait » dans une méchante conjoncture, parce que le duc de » Mercœur était puissant en Bretagne; mais ce courage » héroïque que tant de périls n'avaient su épouvanter, » ne fut point ébranlé par celui-là; qu'au contraire il » résolut de l'affronter d'abord, et d'aller promptement » investir Amiens avant que les Espagnols s'y fussent » plus affermis. Les plus grands capitaines n'étaient point » de cet avis; mais nonobstant cela, lui qui avait de plus » grandes lumières qu'eux tous, l'entreprit courageuse- » ment. »

(12) Cette allusion piquante de Henri IV à la mollesse et à l'indolence des rois de France ses prédécesseurs,

ne pourra plus s'appliquer aux membres de la dynastie dont Napoléon-le-Grand est la tige auguste.

(13) Les mesures vigoureuses et sévères qui furent prises alors par le parlement pour sauver la patrie, justifient la conscription par laquelle s'opère actuellement le recrutement de nos armées. Que ceux qui condamnent ou qui se refusent à cette loi salutaire à qui notre France doit ses victoires modernes, son illustration, son repos et la ruine honteuse des coalitions successivement formées contre elle, méditent ce paragraphe ! Personne alors n'a blâmé le grand Henri ni le parlement. Plus heureux que nos ancêtres, nous ne sommes plus humiliés par la distinction flétrissante de *ban* et d'*arrière-ban*, de noblesse et de roture. Les distinctions seront ce qu'elles doivent être, purement personnelles et la récompense du mérite individuel.

(14) Gustave III, roi de Suède, voulut aussi, dans sa jeunesse, consulter une Dame des environs de Stockholm, qui jouissait d'une grande réputation de prophétesse. Après s'en être long-temps défendue, elle finit par dire au jeune Prince qu'il serait assassiné par la première personne qu'il rencontrerait sur le pont en sortant de chez elle. Le jeune Ankelstromm fut le premier qui s'offrit aux regards de Gustave. Ce preux chevalier du Nord lui dit, en le frappant sur l'épaule : « Si je te connaissais » moins, et si tu n'étais pas autant mon ami, je te jet- » terais dans la rivière ; M[lle.] B. vient de me pronosti- » quer que je mourrais de ta main ; mais mon ame est » au-dessus de ses sinistres prédictions. »

C'est cependant ce même Suédois qui, le 16 mars 1792, a assassiné son Roi dans un bal masqué.

Tous ces prétendus sorciers n'ont annoncé que des crimes et des malheurs. Vive l'aimable devineresse de la Martinique ! elle a vu long-temps avant nous les jours pleins de gloire et de bonheur qui luisent maintenant sur la France. Il est généralement connu qu'elle a prévu et positivement annoncé le changement de dynastie opéré par Napoléon-le-Grand. *Volentem fata ducunt, nolentem trahunt.* Bénissons la Providence d'avoir amené sur le continent la belle et bienfaisante *Joséphine !*

(15)

(15) Cette maison est maintenant convertie en une su-
erbe manufacture de casimirs, qui appartient à MM.
Geusse-Duminy, père et fils. Le 27 juin 1803, elle fut
onorée de la visite, des suffrages et des encouragemens
u *Premier Consul.* Les casimirs qu'on y fabrique, sur-
assent en beauté et en qualité ceux de la jalouse An-
leterre.

(16) Sully, dans ses Mémoires, année 1589, livre III,
it formellement qu'après le combat d'Arques, livré le
nercredi 20 septembre à dix heures du matin, Henri IV
crivit à Crillon en ces termes : « Pends-toi, brave
Crillon, nous avons combattu à Arques, et tu n'y étais
pas. Adieu, brave Crillon, je vous aime à tort et à
travers. »

La lettre citée dans le texte pourrait bien être con-
rouvée.

(17) Henri IV connaissait déjà Amiens. Le 18 août 1594,
l y avait fait sa première entrée sous le mayorat d'An-
toine de Berny, peu de temps après que les magistrats,
débarrassés des ligueurs, l'eurent enfin reconnu pour leur
souverain. On lui fit une réception magnifique. Quinze
cents jeunes gens à cheval furent à sa rencontre. De jeunes
filles habillées en nymphes lui jettèrent des fleurs, et
récitèrent des vers à sa louange. Sa Majesté demeura
six jours dans la ville, et fit plusieurs parties d'eau au-
tour de la cité.

Extrait d'un discours fait en 1597, sur la reddition de la ville d'Amiens. (Mém. de la Ligue, in-4°. p. 527.)

La prise de la ville fut étrange ; la réduction en est admirable. La désolation y fut grande ; la restitution y a apporté de la consolation et du contentement. La prise ébranla le pays ; sa réduction l'assure. Vrai est que la perte qu'y ont faite les habitans a été grande ; les pilleries et saccagemens excessifs, qui se sont étendus, voire jusqu'aux choses sacrées ; les outrages et cruautés indicibles. Je tais les forcemens et violemens auxquels s'est porté l'insolence du soldat espagnol ; je ne parle point de la pudicité des femmes mise en proye. Les misères y ont été extrêmes et les rançons violentes et démesurées, même envers ceux lesquels on avait jà dépouillés de tou. moyens, pour lesquels extorquer l'espagnol n'a oubli aucune espèce de contrainte et cruautés. De sorte qu la plupart des habitans ont été rendus misérables; et te qui soulait être bien à son aise, souffre beaucoup à pré sent; tel qui était bien riche, est réduit à la pauvreté et tel qui soulait donner, mendie. Le souvenir en es grief, et le récit lamentable. Ce sont des exemples devan nos yeux, et des enseignemens à toutes les villes et peu ples de la France, de bien penser à eux, et d'être soigneu de se bien garder amis de leur patrie, ennemis des nou veautés. Ce sont prêcheurs qui nous enseignent de nou contenir paisibles et roides en l'obéissance de sa Majesté sous la douceur de ses loix et commandemens, etc. etc

Couplets faits en 1597, sur la reprise d'Amiens.

Je ne sais qui des deux est le plus admirable,
D'avoir pris ou repris un Amiens si fort;
Mais je sais qui des deux est le plus honorable,
De l'avoir pris par fraude ou repris par effort.

On chante en mille façons
Une si belle entreprise;
Mais de toutes ces chansons,
Le bon en est la reprise.

Hernandès fut heureux en si belle entreprise,
De surprendre Amiens, sans force, en un instant;
Plus heureux d'être mort, ains qu'elle fut reprise,
Pour ne mourir après de honte en la quittant.

FIN.

www.ingramcontent.com/pod-product-compliance
Ingram Content Group UK Ltd.
Pitfield, Milton Keynes, MK11 3LW, UK
UKHW031947260826
14628UKWH00004B/1896

9 782011 288080